《全国中小学传统文化教育教师教学指导手册》

我们的传统节日

中国国学文化艺术中心 编著

北京时代华文书局

图书在版编目（CIP）数据

我们的传统节日 / 中国国学文化艺术中心编著. — 北京 : 北京时代华文书局, 2021.9
（全国中小学传统文化教育教师教学指导手册）
ISBN 978-7-5699-4321-4

Ⅰ. ①我… Ⅱ. ①中… Ⅲ. ①节日—风俗习惯—中国—师资培训—手册 Ⅳ. ①K892.18-62

中国版本图书馆CIP数据核字(2021)第166379号

全国中小学传统文化教育教师教学指导手册
QUANGUO ZHONG-XIAOXUE CHUANTONG WENHUA JIAOYU JIAOSHI JIAOXUE ZHIDAO SHOUCE
我们的传统节日
WOMEN DE CHUANTONG JIERI

编 著 者 | 中国国学文化艺术中心

出 版 人 | 陈 涛
责任编辑 | 周连杰
封面设计 | 大荣原创
责任印制 | 刘 银
出版发行 | 北京时代华文书局 http://www.bjsdsj.com.cn
北京市东城区安定门外大街138号皇城国际大厦A座8楼
邮编：100011 电话：010-64267955 64267677
印 刷 | 北京圣艺佳彩色印刷有限责任公司 电话：010-67658358
（如发现印装质量问题，请与印刷厂联系调换）
开 本 | 787mm×1092mm 1/16 印 张 | 17.75 字 数 | 221千字
版 次 | 2022年1月第1版 印 次 | 2022年1月第1次印刷
书 号 | ISBN 978-7-5699-4321-4
定 价 | 39.00 元

前言

PREFACE

中华民族历史悠久，源远流长。在漫长的历史发展进程中，不仅形成了博大精深的民族文化，而且孕育出了丰富多彩的传统节日，如春节、元宵节、清明节、端午节、七夕节、中秋节、重阳节等。这些节日久经沧桑，凝聚着历代劳动人民的智慧和情感。

中国的传统节日延续千年，它的起源和发展是一个潜移默化、逐渐渗透的过程，是人类社会发展到一定阶段的产物。传统节日节期的最初选择与确立，是以天文、历法、数学等知识为基础；传统节气的划分，更为传统节日的产生提供了前提条件；而传统节日各种习俗活动的产生，则与人类早期的原始信仰观念直接相关。之后，经过社会、政治、经济、战争、科技、文化等诸多因素的影响，传统节日不断融入新的内涵，如神话故事的广泛流传，为传统节日平添了几分浪漫的色彩；佛道等宗教节日的逐渐渗透，丰富了传统节日的内容；历史人物纪念与传统节日的结合，增加了传统节日的历史厚重感；各民族节日风俗的不断融合，又使传统节日习俗更加多姿多彩。

但是，近年来，由于各种因素的影响，人们认为传统节日缺少了“节味”，传统节日的生存和发展面临巨大考验。有些传统节日日渐衰微甚至消亡；有些传统节日虽然得以传承，但许多节日习俗已再难觅风采。

人们在接受传统节日丰富多彩的活动形式，并享用节日传统美食的同时，却忽略了隐藏在节日背后的文化价值及精神内涵。

2005年成为保护传统节日转折性的一年。中宣部等五部委联合印发《关于运用传统节日弘扬民族文化的优秀传统的意见》，强调了传统节日在凝聚中华民族的民族精神和民族情感，承载中华民族的文化血脉和思想精华，维护民族团结和社会和谐，以及建设社会主义先进文化等方面的重要作用。随后，春节、元宵节、中秋节、清明节、端午节、七夕节、中元节、中秋节、重阳节等传统节日入选国家级非物质文化遗产名录。从 2008年起，春节、清明节、端午节、中秋节成为国家法定节假日。

为了弘扬传统文化，加强传统文化的保护与传承，略尽教育工作者的绵薄之力，北京市大兴区社区学院成立了《我们的传统节日》编写组。历时二载，编写组成员竭诚合作，不避辛苦，多次修改，几易其稿，终于完成了《我们的传统节日》一书。在此，诚恳地向为此书面世付出心血的人员表示感谢。

本书在众多节日中精选了汉民族中曾经或现在影响较大的 15个传统节日，从传统节日的产生与发展，传说与故事，习俗与活动，美食与美诗等不同角度加以介绍，力求展现传统节日的历史文化风貌，探究传统节日的文化内涵与精神内核。

由于作者水平有限，经验不足，书中疏漏不当之处在所难免，敬请批评指正。

《我们的传统节日》编委会

目录
CONTENTS

第一章 岁时节令民俗 / 1

第一节 传统节日起源 / 4

一、传统节日体系的形成 / 4

二、传统节日习俗的形成 / 6

第二节 传统节日的演变 / 10

一、蕴育萌芽期 / 10

二、基本定型期 / 11

三、融合丰富期 / 12

四、蓬勃发展期 / 13

五、相对稳定期 / 14

第三节 传统节日内容 / 16

一、节期 / 16

二、节俗 / 19

三、节日感 / 22

第二章 春节 / 25

第一节 初识春节，寻春节之渊源 / 27

一、春节源于腊祭 / 27

二、“春节”与“年” / 29

第二节 细听传说，追春节之情怀 / 31

一、熬年守岁的传说 / 31

二、万年历法的由来 / 32

三、压岁钱的来历 / 33

四、贴春联和门神 / 34

五、祭灶王的传说 / 35

第三节 明晓习俗，探春节之内涵 / 37

一、腊月二十三——祭灶神 / 37

二、腊月二十四——扫尘 / 38

三、腊月三十——除夕 / 39

四、正月初一——拜年 / 45

五、正月初五——破五 / 46

第四节 美食美诗，品春节之英华 / 48

一、春节美食 / 48

二、春节美诗 / 51

第三章 元宵节 / 55

第一节 初识元宵，寻元宵之渊源 / 57

一、元宵节起源于“平吕” / 57

二、元宵燃灯的由来 / 58

三、元宵节的传承与发展 / 58

第二节 细听传说，追元宵之情怀 / 61

一、东方朔与元宵姑娘的传说 / 61

二、正月十五点彩灯的传说 / 63
三、袁世凯与元宵的传说 / 64
第三节 明晓习俗，探元宵之内涵 / 66
一、吃元宵 / 66
二、赏花灯 / 67
三、猜灯谜 / 68
四、舞狮子和耍龙灯 / 69
五、踩高跷 / 70
六、送灯和穿灯脚 / 70
七、玩龙灯和灿灯 / 71
八、放天灯与伴灯馍 / 71
九、添丁与偷葱菜 / 72
第四节 美食美诗，品元宵之英华 / 73
一、元宵美食 / 73
二、元宵美诗 / 75

第四章 清明节 / 81
第一节 初识清明，寻清明之渊源 / 83
一、清明节日脱胎于清明节气 / 83
二、清明节吸收了寒食节 / 84
三、清明节吸收了上巳节 / 85
四、清明节的后续发展 / 86
第二节 细听传说，追清明之情怀 / 87
一、纪念介子推的传说 / 87
二、清明节插柳的传说 / 90
第三节 明晓习俗，探清明之内涵 / 93
一、祭祖扫墓 / 93

二、插柳、折柳 / 94
三、子推燕和面蛇蛇 / 94
四、吃鸡蛋 / 95
五、踏青 / 96
六、荡秋千 / 96
七、放风筝 / 97
第四节 美食美诗，品清明之英华 / 98
一、清明美食 / 98
二、清明美诗 / 100

第五章 端午节 / 103
第一节 初识端午，寻端午之渊源 / 105
一、天象崇拜说 / 105
二、“恶月恶日”说 / 106
三、纪念历史人物说 / 108
四、其它元素的加入 / 108
第二节 细听传说，追端午之情怀 / 110
一、纪念屈原的传说 / 110
二、纪念伍子胥的传说 / 111
三、纪念孝女曹娥的传说 / 112
第三节 明晓习俗，探端午之内涵 / 114
一、端午系五彩线 / 114
二、端午避五毒 / 115
三、挂菖蒲、艾草 / 117
四、端午赛龙舟 / 118
五、画额 / 118
六、跳钟馗 / 119

七、斗草 / 119
第四节 美食美诗，品端午之英华 / 121
一、端午美食 / 121
二、端午美诗 / 123

第六章 七夕节 / 127
第一节 初识七夕，寻七夕之渊源 / 129
一、七夕节起源于自然崇拜 / 129
二、两汉掺入牛郎织女传说 / 130
三、乞巧习俗曾经盛极一时 / 131
第二节 细听传说，追七夕之情怀 / 133
一、牛郎织女鹊桥相会的传说 / 133
二、七夕晒书的故事 / 135
三、七夕拜魁星的来历 / 136
第三节 明晓习俗，探七夕之内涵 / 137
一、女子庭院拜织女 / 137
二、文人庙宇拜魁星 / 140
三、各地七夕俗不同 / 141
第四节 美食美诗，品七夕之英华 / 145
一、七夕美食 / 145
二、七夕美诗 / 148

第七章 中元节 / 153
第一节 初识中元，寻中元之渊源 / 155
一、中元节源于祖先崇拜 / 155
二、南北朝时融入佛家盂兰盆法会 / 156
三、唐代朝廷和民间重视盂兰盆供 / 156

四、宋朝及以后成为民间祭祖日 / 157
第二节 细听传说，追中元之情怀 / 159
一、目连救母的传说 / 159
二、鬼节的故事 / 160
三、土家人包白布头巾的故事 / 161
四、祭祀烧纸钱的传说 / 162
第三节 明晓习俗，探中元之内涵 / 163
一、祭祖 / 163
二、放河灯 / 164
三、放焰口 / 165
四、烧纸 / 165
五、面塑 / 166
六、吃鸭 / 166
七、做茄饼 / 167
八、吃扁食 / 167
九、吃饺饼 / 167
第四节 美食美诗，品中元之英华 / 168
一、中元美食 / 168
二、中元美诗 / 170

第八章 中秋节 / 173
第一节 初识中秋，寻中秋之渊源 / 175
一、中秋节起源于古代天象崇拜 / 175
二、唐宋中秋盛行赏月拜月 / 175
三、元代中秋更具民族意义 / 177
四、明清中秋成为四大节之一 / 177
第二节 细听传说，追中秋之情怀 / 179

一、嫦娥奔月的传说 / 179
二、吴刚折桂的传说 / 180
三、玉兔捣药的传说 / 181
四、玄宗游月的传说 / 182
第三节 明晓习俗，探中秋之内涵 / 183
一、中秋祭月 / 183
二、中秋拜月 / 184
三、中秋赏月 / 184
四、中秋吃月饼 / 185
五、中秋观花灯 / 186
六、中秋喝桂花酒 / 186
七、中秋观潮 / 187
八、中秋猜灯谜 / 187
九、拜吉祥物兔爷 / 187
十、中秋烧塔 / 188
十一、中秋吃桂花鸭 / 188
第四节 美食美诗，品中秋之英华 / 189
一、中秋美食 / 189
二、中秋美诗 / 194

第九章 重阳节 / 199
第一节 初识重阳，寻重阳之渊源 / 201
一、重阳节的起源 / 201
二、重阳节的传承与发展 / 202
第二节 细听传说，追重阳之情怀 / 205
一、桓景斩魔的传说 / 205
二、九月九高处走的传说 / 207

三、阿牛种菊医母的传说 / 208
第三节 明晓习俗，探重阳之内涵 / 210
一、登高远眺 / 210
二、赏景晒秋 / 211
三、观赏菊花 / 211
四、饮菊花酒 / 212
五、吃重阳糕 / 213
六、佩插茱萸 / 213
七、各地过重阳节的风俗 / 214
第四节 美食美诗，品重阳之英华 / 216
一、重阳美食 / 216
二、重阳美诗 / 219

第十章 其他传统节日 / 225
第一节 春龙节 / 227
一、春龙节的起源与发展 / 227
二、春龙节的趣闻传说 / 229
三、春龙节的习俗 / 232
第二节 上巳节 / 235
一、上巳节的起源与发展 / 235
二、上巳节的趣闻传说 / 237
三、上巳节的习俗 / 240
第三节 腊八节 / 243
一、腊八节的起源与发展 / 243
二、腊八节的趣闻传说 / 244
三、腊八节的习俗 / 246
第四节 其他传统节日 / 249

一、人日节 / 249
二、谷日节 / 250
三、填仓节 / 251
四、冬至节 / 252

第十一章 传统节日现代价值 / 255
一、 传统节日日渐式微 / 256
二、 节日日渐式微原因探析 / 257
三、 传统节日现代价值 / 259

参考文献 / 266

第一章

岁时节令民俗

传统节日，古人称之为岁时节日，是关于年度时间节点的专属概念，主要是指与天时、物候的周期性转换相适应，在人们的社会生活中约定俗成的、具有某种风俗活动内容的特定时日。具体讲，汉魏以前，传统节日叫作“岁时”；汉魏以后，传统节日称为“节日”。

岁时，强调的是自然的时序。岁，指年度周期；时，指季节变化。古人“连月为时，纪时为岁”，因此合称岁时。

而节日，关注更多的则是人文特征。“节”，原指“节气”；之后，才有了“节日”。“某某节”的说法，直到唐代才出现。为区分节气和节日，人们在节名后面加上“节”字，以特指节日。如“清明”指节气和日期，“清明节”才是节日。节日不同于一般的寻常日子，是因为它是人们设定的特殊日子。在这日，人们会纪念某个人物、事件或某种精神。正如缺少了屈原与爱国精神，端午节也就失去了节日之魂一样。

因此，“节日”，是一年之中具有某种特殊意义的重要节点。它像成熟竹子的竹节，将一年分成若干个小段，每小段经历平静安宁的生活后膨起。人们在这段膨起的节日里纪念、狂欢，辞别过去，走向未来。

竹节是竹子空间的节点，
节日是自然时间的节点。

第一节　传统节日起源

节气，为传统节日的产生提供了前提条件；而自然崇拜、祖先崇拜、迷信禁忌等原始民间信仰，则是推动传统节俗形成的内在动力。

一、传统节日体系的形成

传统节日体系脱胎于二十四节气。古代，二十四节气是用来指导农事的农时周期，而传统节日主要是举行各种仪式和庆典的周期。节气系统和节日系统原本是合而为一的，因为历代使用历法的不同，最终逐渐分化为二十四节气系统和传统节日系统。这个演变过程大致分为两个阶段：

（一）“观象授时”时期，节气系统与节日系统合而为一

为确定农时，古人创立了物候历和天文历。物候历，是根据物候的变化（如鸟的迁徙）来确定时令，最初的“年”、“季”、“月”的观念都是依据物候确定的。但物候历具有鲜明的地域性，像农耕民族是以谷物生长周期来纪年，而游牧民族是以草的荣枯来纪年。于是，人们又通过观察天象的运行创立了天文历，将日出日落定为一天；月圆月缺定为一月；寒来暑往、谷物由播种到成熟，定为一年，这就形成了中国最早的历法——夏历①。只是夏商周秦四代，每朝都

① 夏历（阴阳合历）中的阳历，与现行公历（俗称阳历）不同，现行公历是以耶稣纪年。

古代少皞氏施行物候历，依候鸟迁徙规律确定时令。

改律历、易正朔，重立岁首，如夏代以正月为岁首，商代以十二月为岁首，周代以十一月为岁首，秦朝以十月为岁首，这使得传统节日在长时间内不能得到统一。

这一时期，节气就是节日。每遇节气（节日），人们不仅知晓季节变化、气候特征和物候现象，还会举行相应的仪式与庆典，以祈祷或庆祝粮食满仓、六畜兴旺、儿孙满堂。

（二）汉武帝时期，节气系统与节日系统逐渐分化

汉武帝重修历法

到了西汉，国家政治上的“大一统”，为传统节日体系的形成提供了便利。太初元年，汉武帝命司马迁等人重修历法。全国恢复实行夏历，以夏历的正月作为岁首、正月初一作为元日，并在夏历中纳入二十四节气。同时，夏历是阴阳合历，其中阳历是太阳历，依靠太阳运行周期，确定时辰、年、季节和节气；阴历是月亮历，根据月亮运行周期，确定日、月。但 12 个月亮年比 12 个太阳年少 11.25 天，于是古人开始置闰，以使一个月亮年与一个太阳年相适应。经过长期实践，最后规定 19 年共闰七个月，并确定

以没有中气[①]的月份为闰月，至此中国传统农历基本形成。农历，也叫做汉历、夏历，现在有时也笼统的称之为阴历。

阴阳合历之后，原先“观象授时”时期浑然一体的节气（节日）系统发生了分化。本来要举行各种仪式和庆典活动的二十四节气，现在被剥除了庆典内容，只在阳历中保留了农时周期，这就是二十四节气系统；而各种仪式和庆典活动，则被安排在阴历的特定日期，这就是传统节日系统。

二、传统节日习俗的形成

传统节日，最重要的是举行各种仪式和庆典活动，这就是节俗。各种节俗活动，反映了农耕社会人们的特定心理特征、审美情趣和价值观念，表达了人们祈求五谷丰登、人畜两旺、岁岁平安的美好愿望。从早期的节俗活动上看，原始民间信仰才是节俗产生的内生动力。

“万物有灵”是各种原始民间信仰的根本基础。在极度低下的社会生产力和恶劣的生存环境中，古人不断体察自身的一呼一吸，各种感觉以及梦境。他们相信，人的肉体和灵魂是各自独立和相互依存的，灵魂可以脱离肉体，以影子或梦幻的形式独立存在；人死后肉体虽然腐烂但灵魂不灭。既然人类有灵魂，那么包括天地、日月星辰、花草树木、牛马蛇狐等世间

---

① 中气：自汉代历法开始，一年分为二十四节气，其中又分为十二节令和十二中气。十二节令包括立春、惊蛰、清明、立夏、芒种、小暑，立秋、白露、寒露、立冬、大雪、小寒；十二中气包括雨水、春分、谷雨、小满、夏至、大暑、处暑、秋分、霜降、小雪、冬至、大寒。中气是农历确定月序的依据，没有中气的月份被视为上一个月的重复，称为闰月。

万物皆有灵魂。在万物有灵观念的支配下，古人将自然物、自然现象等神化，出现了自然崇拜、图腾崇拜、鬼神信仰、祖先崇拜等原始民间信仰，并由此自发地产生了一套行为习惯和相应的仪式制度。

（一）自然崇拜

先从自然崇拜说起。古人对日月星辰、风雨雷电的崇拜较早。有时是单独祭祀，如太阳神，殷时就有朝夕迎送的礼拜仪式，周人改为定期祭祀。有时是日、月、星三光和其他诸神合在一处祭祀。随着农耕文明的出现，人们认为地载万物，生养万物，于是产生了土地和土地神崇拜。自然崇拜对传统节日习俗的起源产生了深远影响。如“二月二”传说是土地公公的生日，人们祭祀土地神的风俗就有着土地神崇拜的影子；“处处无烟火，人家似暂空”的寒食节禁火是延续了火神崇拜的传统；而七夕拜双星、中秋赏明月等节俗则与上古祭月、拜星是一脉相承的。

土地崇拜是自然崇拜的高级形态

（二）祖先崇拜

祖先崇拜是由古人的鬼魂信仰发展而来。尽管古人为死者灵魂提供了坟墓以作栖息之地，但冥冥之中，灵魂仍然具有某种神秘而超人的力量，善灵、恶灵皆能赐福或降灾于世人。于是，就出现了在特定日期进行赐福禳①灾仪式的活动。这是祖先崇拜的最初表现。当父系血缘关系明确后，人们便以血缘亲属的鬼魂为崇拜对象，从而产生了真正意义上的祖先崇拜。中国第一个世袭制朝代夏朝，就已出现祖先崇拜的痕迹。到商代，频繁而隆重的祭祀先公、先王、先妣以祈福

① 禳：音 ráng，意思是祈祷消除灾殃。如《荆楚岁时记》：采艾以为人，悬门户上，以禳毒气。

禳灾，就表明祖先崇拜已经发展得非常成熟了。

传统节日中的祭祖习俗，其实包含三层含义。一是祈福于祖先，像除夕祭祖时要给祖先诸神拜年，冬至节要致天神人鬼，都是祈求祖先荫庇、上天降福，来年能人丁兴旺、家宅安宁。二是寄托哀思，如寒衣节寒衣送暖、清明节祭扫坟墓，都是纪念亡魂、缅怀亲人，表达“思时之敬”。三是驱邪避灾，如年节燃放爆竹、更换桃符等习俗，则是对鬼魅的强力驱除；上巳日河边洗浴，端午插艾挂蒲、饮雄黄酒等习俗，均有避邪消灾之意；中元节放河灯、焚香化纸设馔施粥，则为的是追荐[①]各路孤魂野鬼，免其为祸作祟。

（三）迷信禁忌

传统节日还与各种迷信、占卜、巫术、禁忌相关。既然古人相信“万物有灵”，认为神灵鬼怪支配着天地日月、风雨雷电，甚至关乎人的生老病死、成败祸福；那么要想和天地神灵、祖先灵魂对话来往，要想预知吉凶祸福，就必须依靠各种仪式和法术，这就是占卜、巫术和祭祀活动了。像七夕穿针乞巧以占卜巧拙，春节用桃木作门神以驱鬼辟邪，端午龙舟竞赛以运走不祥，祭拜天地日月星辰以祈祷丰年等，均为此类。

在不能解释某些自然现象时，就产生了许多禁忌习俗。诸如春节打碎碗碟忌说“碎了”；寒食节禁火，清明节忌不戴柳，冬至、腊八忌住娘家，年三十忌把食物吃完；男不拜月，女不祭灶等，这些表现在语言、行为以及性别上的禁忌，都是为了祛灾祈福、避凶趋吉，防患于未然。当然，如果在节日中不幸犯了禁忌，

① 追荐：为亡者修善事，祈求冥福。

人们又想出各种禳灾、祛邪、厌胜等巫术手段，化解灾难，求吉免祸。春节期间打碎碗碟，要赶紧说“岁岁平安”“越打越发”；到了恶月恶日的五月初五，就要借助浴兰汤、饮雄黄、悬桃符艾草、系五彩丝线等活动对灾祸进行禳解，以求平安。

需要注意的是，传统节日习俗的产生，是自然崇拜、祖先祭拜和迷信禁忌等原始民间信仰相互纠缠、共同作用的结果。比如清明节，植树的习俗源于丧葬习俗，吃清明蛋源于古代的上巳节，扫墓祭祖是祖先崇拜的缩影，插柳、放风筝则是迷信巫术的产物。后来，随着时代的变迁，包括自然崇拜、祖先崇拜及迷信禁忌等在内的原始民间信仰被纳入到民俗文化中，并逐渐形成“敬天地、祭祖先”的传统习俗。

清明节画彩蛋

第二节　传统节日的演变

中国的传统节日延续了几千年，不同历史阶段会以不同的面貌出现。一些节日不断产生，节俗不断丰富；另一些节日，如上巳节、花朝节，逐渐退出了历史舞台，消失在历史的尘埃中。节日功能也由娱神转向娱人，神圣色彩逐渐淡化，娱乐狂欢的意味却益发浓厚。

一、蕴育萌芽期

先秦时期是中国传统节日的蕴育萌芽期，已经基本形成了社日节、蜡日节和上巳节三大节日。

社日节，主要祭祀社神（土地神）。周朝时，开始以其祖先后稷配祭社神，出现了社稷同祭。社日祭祀有春社和秋社之分，又称为春祈、秋报。春社，意在勉励农民勤于农事，祈望秋天丰收；秋社，重在庆祝秋天收获，赞颂农民的辛勤劳作。社日这天，帝王或诸侯身穿华服，亲自主持社祭；司农司空等官员省视牲器，进熟献酒；大司乐指挥奏乐献舞，场面恢弘肃穆。祭祀后，全体食肉饮酒，常能看到酒酣后琴瑟击鼓、竞相高歌的热闹景象。

蜡日节（秦汉后称为腊日节），天子要大杀群牲，祭祀先祖及诸神，诸侯只祭天地日月山川，士人和庶民则祭祀家祖。祭祀结束，献给诸神的酒肉被分享，人们载歌载舞，尽情狂欢。三月上巳日，女巫（周代

明·张翀《春社图卷》

的女官）会组织人们到水边祭祀沐浴，泡香草水洁身，除病驱邪。而被后世所熟知的端午、清明、七夕等节日尚在发展完善当中。

二、基本定型期

秦汉时期是中国传统节日的基本定型期，除夕、元旦、元宵、上巳、寒食、清明、端午、七夕、重阳等传统节日的主体，大多在汉代形成定制，并沿续至今。

此时，节日及节俗已经大规模形成；远古的原始信仰开始淡化，神话传说乘机附会而来。汉朝人对原有的旧习俗进行了新阐释，而新阐释又衍生了许多新的节俗。如七夕节原本起源于自然崇拜，经汉末牛郎织女故事附会之后，爱情反而成为七夕的主要内容；端午节起源于禳灾镇恶的巫术活动，在屈原故事附会上来后，爱国主义也就成为端午的主旋律；寒食节由禁火换火的规定，开始向纪念晋国人物介子推转化。

总之，传统节日原有的部分节俗被逐渐淘汰，重新注入新鲜元素后，被传承沿袭下来，形成相对统一的新型的岁时节日体系和节日习俗。另外，汉武帝罢黜百家、独尊儒术之后，儒家地位正式确立，儒家的伦理道德观念对节日习俗也产生了深远的影响。

三、融合丰富期

魏晋时期，诸侯割据，社会动荡，门阀士族阶层兴起，清谈玄学之风盛行。传统节日同时接受了南北民族文化融合、佛道初步传播、玄学思想泛滥、个人享乐主义盛行等时代特征的影响，节俗显露出不同于以往的时代特色。

民族大融合使原本相对隔绝的传统节日也逐渐交融在一起。比如端午节，荆楚地区纪念屈原，山西地区纪念介子推，吴地纪念伍子胥，越地纪念孝女曹娥，岭南地区纪念地方官陈临，而北方各地尚认为此日为恶月恶日。在文化的不断碰撞融合下，屈原的爱国精神和慨然赴死的气节得到广泛认可，因此端午祭屈原得以在全国普及。而南方端午驱瘟神的传统，也促使北方逐渐出现了戴香包、系五色线、插艾蒲、放风筝等习俗。

唐 · 顾闳中《韩熙载夜宴图》（局部）

佛教传入以后，佛祖制粥舍众的传说，逐渐演变成为“腊八节”。受道教阴阳信仰的影响，时人将奇数的阳日，如正月初一、五月初五等日，确定为传统节日节期。而魏晋玄学和清谈之风的盛行，也为魏晋节日增加了如宴饮游乐、曲水流觞、诗酒风流等具有时代风尚的新内容。

另外，魏晋六朝流行个人享乐主义思潮，这使传统节日更具有娱乐色彩。当时的上巳节，人们会到水边修禊、禳灾除恶，也会在宴会聚游的时候玩曲水流觞的游戏；到了重阳节，人们登高赏菊，饮酒赋诗，真是其乐融融啊！汉时还富有神秘气息的传统节日风俗，到了魏晋六朝就渐渐走向日常娱乐化，节日气氛更加轻松愉悦了。

四、蓬勃发展期

唐宋时期，中国传统节日进入到蓬勃发展期。统治者充分认识到风俗对政治统治的作用，便将风俗纳入到朝纲制定之中，开始以节日作为法定假日，建立了节假日官员休假制度，以法定的形式赋予官民在节日期间进行节俗活动和尽情欢乐的权利。有学者统计，唐代节假日的总天数就超过 40 天；到宋神宗时，全年仅节日休假就达 76 天。而且，节日期间还要举行隆重的庆祝仪式，甚至皇帝、官员与百姓同乐，集体狂欢。

城市的兴起和市民阶层的出现，也使及时行乐思想和娱乐之风得到了明显强化。传统节日从迷信禁忌中解脱出来，向礼仪性、娱乐性的方向发展，演变成真正的良辰佳节。春节放爆竹、贴门神、守岁、舞傩

唐代宫廷斗鸡

等驱鬼仪式变为娱乐性民俗活动，元宵节祭神灯火变成了游艺观灯活动，中秋祭月变成了赏月，重阳登高避灾演变为秋游赏菊。

唐宋两代，传统节日还增添了许多文化娱乐活动。玄宗时，每至寒食清明，宫内都要竖起秋千架，供嫔妃宫女尽情玩乐。宫廷、民间、军队中还盛行打马球等各种球类运动，斗鸡等习俗也曾风靡长安。而宋代，每到元旦、寒食和冬至这三大节日，妇女们要在晚上穿戴整齐，去食肆酒楼把酒应酬。在应酬之余，有钱人家的女性还会三五成群地观看或参与赌博。

同时，唐代的对外文化交流活动频繁，佛、道与儒家文化相互融合、再造与创新，逐渐形成儒、释、道三教文化合流的局面。同样，宗教的不断融入，也使得传统节日体系慢慢形成了杂糅佛、道的民间多神体系，因此佛祖得道日就演变为腊八节，道教尊奉的天官、地官和水官的生日就成为上元节、中元节和下元节。

五、相对稳定期

明清两代，中国传统节日形态已经非常成熟。《燕京岁时记》记录了三十多个民俗节日，正月有元旦、祭财神、破五、人日、顺星、打春、灯节、筵九、打鬼、填仓。二月有初一祭太阳、二日龙抬头、春分、清明。三月有东岳诞辰、潭柘寺庙会，四月有佛诞日、妙峰山庙会。五月有端阳、都城隍庙会、南顶庙会。六月有六月六日、祭关帝、中顶庙会。七月有七夕、中元，八月有中秋，九月有九月九，十月有寒衣节，十一月有冬至，十二月有腊八、祭灶、除夕等节日。

传统节日实现重大调整，元旦、端午、中秋等三大节日在社会生活中取得了突出地位，称为三大节。受宋明理学的影响，人们过节更加讲究礼尚往来。新年，达官贵人要相互拜谒，甚至出现“一盒拜帖送到，见帖不见人”的现象；民间也盛行逢年过节送礼拜访。除走亲访友外，明清还注重在节日期间加强姻亲、归宁等人情往来。像明代，出嫁的女儿要在端午、中秋回娘家；到清代，重阳也要带着酒礼回娘家探亲等。

唐宋娱乐之风继续在明清传统节日中流行发展，如元宵节观灯，到明代长达十夜，创历史之纪录。每到元宵佳节，全国昼市夜灯，热闹异常。满清入关以后，又增加了舞龙、舞狮、秧歌、高跷、旱船等“百戏”活动。清明时节，京师百姓扫墓后，会找个风景优美之地踏青郊游，杭州的西湖游也是风靡一时。

综上所述，中国传统节日受到农耕文明的直接影响。太初历的推行，促进了传统节日体系的形成，原始民间信仰推动了节日习俗的产生。传统节日在秦汉时确定雏形，经魏晋六朝的不断融合丰富及唐宋的蓬勃发展，到明清则进入相对稳定期。中国传统节日历史之悠久，节俗内容之丰富，实在让人不得不敬叹古人的惊人创造力和对生活的无限热爱。

第三节　传统节日内容

从构成上看，中国传统节日主要包括节期、节俗和节日感。在历史的沉淀和时间的研磨中，传统节日的节期逐渐固定下来，形成了传统节日体系。节俗或丰富或消亡，传统节日的内涵逐渐趋于稳定。同时，节日感也大大丰富了寻常百姓的人生厚度，让人生更有味道。

一、节期

节期，就是节日时间。节期具有一定长度，一天或几天；节期一般相对固定，年年循环往复。只有具备一定长度，节日期间才能开展各种民俗活动；只有年年固定循环，节日才能与过去相关联，积淀形成一个民族的历史文化。如果选取中国的主要传统节日，会发现节期是有一些规律的。

（一）干支纪日和序数纪日混用

中国的传统节日中，只有上巳节、春社和秋社使用了干支纪日法，其他大多数节日采用的是序数纪日法。我们知道，干支纪日法是使用十天干、十二地支①记录日序的方法，早在殷商时期就在使用。而序数纪日法到两汉以后才产生，并逐渐取代了干支纪日。

① 十天干十二地支：在中国传统历法中，甲、乙、丙、丁、戊、己、庚、辛、壬、癸被称为“十大天干”，子、丑、寅、卯、辰、巳、午、未、申、酉、戌、亥叫作“十二地支”。

可见，上巳节、春社和秋社等采用干支纪日的传统节日，其历史应该可以追溯到先秦时期；而其他采用序数纪日的传统节日，应该大多形成于汉代。

表格 1　中国传统节日节期构成类型表

类型	月日/节日						
月日同数	春节	春龙节	上巳节	端午节	天贶节	七夕节	重阳节
	正月初一	二月初二	三月初三	五月初五	六月初六	七月初七	九月初九
月内取中	上元节	中元节	中秋节	下元节			
	正月十五	七月十五	八月十五	十月十五			
年内取中	春社	秋社	元宵节	中元节	花朝节	中秋节	
	立春后第五个戊日	立秋后第五个戊日	正月十五	七月十五	二月十五	八月十五	
月首尾日	春节	正月晦	寒衣节	除夕			
	正月初一	正月晦日	十月初一	十二月晦日			
有关佛道	浴佛节	腊八节	破五节	上元节	中元节	下元节	祭灶节
	四月初八	十二月初八	正月初五	正月十五	七月十五	十月十五	十二月二十三

（二）节期选择讲究对称协调

在节期选择上，古人比较喜欢采用“月日同数”、“月内取中”和“年内取中”的方法。这三种方式，一定程度上反映了古人的价值取向和审美情趣，那就是追求美学上的协调对称。

“月日同数”类的节日，讲究的是叠字的对称，如七月初七、九月初九等；“月内取中”类的节日，讲究的是一月之内节日前后天数的对称，如八月十五就将一月平分为二；“年内取中”类的节日，讲究的是一年之内节日前后天数的对称，这种节日一般成对出现，如元宵节和中元节、花朝节和中秋节。

九为至阳之数，皇宫门上的门钉为 81 颗，亲王王府的门钉要 63 颗。门钉既是等级的象征，又起到装饰和加固作用。

当然，这样确定节期还有特殊含义。尤其是“月日同数”类的节日，大多以奇数同数为主。对此，学术界分歧严重，各执一词。一种观点认为，古人认同偶数而忌讳奇数，只要是奇奇相逢的节日，人们就会举行特殊的仪式来禳灾避祸、保卫生命。另一种观点完全相反，认为古代具有天奇地偶、天阳地阴的思想，奇奇相逢，自然是好事成双。如传统建筑崇尚九数，皇帝尊称为九五之尊等。更有人认为，这类节日是模拟了天地化生万物时的新生（春节）、繁衍（三月三）、成长（五月五）、婚配（七月七）和老成（九月九）的生长过程，传统节日体系既按照自然的时序来安排，又与生命时序、人生的自然阶段相呼应，借助节日的循环往复，展现生生不息、更新不止的生命韵律。

（三）节期与佛道二教密切相关

古人常将节期确定为佛教佛祖、道教神仙的诞生日。像浴佛节（农历四月初八）是佛祖释迦摩尼诞生日，腊八节是佛祖得道日；破五节乃道教天官诞生日，祭灶节是道教地仙诞生日，上元、中元、下元三节则相传是道教天官、地官和水官的诞生日等。

最典型的要数中元节，这个节日融合了佛门欢喜日和道教地官赦罪日的主要内容。中元节这一天，寺僧会做盂兰盆会以救亡亲倒悬之苦；道观要举行盛大祈福法会，为寻常人家荐新祭祖。而民间百姓却是佛道兼采，使中元节最终成为了包含祭亡、祀鬼、解难、赦罪等内容的盛大传统节日。

另外，像除夕与春节这类“月首尾日”一般都要祭神祀祖，以除旧部新、消灾祈福。这类节日保留下来的虽然不多，却也反映了古人对未来美好生活的期盼和向往。

二、节俗

按照节俗的内容和性质，一般将传统节日分为四类：

（一）农耕文明之生产类

传统节日产生于农耕社会，也服务于农耕生产。这类节日有春龙节、清明节和七夕节等。

二月二“春龙节”又被称为“春耕节”，民间俗称“龙抬头”。“龙不抬头天不雨”，人们过“春龙节”是为了向龙王祈雨，好保佑一岁的丰收。只是这“春龙节”具有地域性，主要存在于田多缺水的北方，南方则不流行。

二月二，龙抬头，阳气自地底而出，万物生机盎然。

“清明节”仍然保留了“观象授时”时期节气与节日合而为一的特点。民间“清明前后，种瓜点豆”谚语的流传，证明这是一个农耕的好季节。很多地区利用此日占岁，认为清明下雨不利庄稼生长。养蚕的地区要祭蚕神、请蚕猫，祈求春蚕能顺利生长吐丝。

而“七夕节”，妇女们相约乞巧斗巧，交流女红技艺，祈祷自己心灵手巧，未来能相夫教子，这也暗合了古代男耕女织的主题。

这类节日或祈雨、或乞巧，或祈丰年，与中国古代男耕女织的农业生产密切相关。“男耕”代表丰食，“女织”代表丰衣，男耕女织才能保证衣食无忧，才能有美好幸福的生活。

先秦祭典伏羲、炎帝、黄帝、尧、舜、禹、汤、周公等，汉武帝后孔子成了君王尊崇的对象。

（二）敬天法祖之祭祀类

中国有两大祭祀文化，一是感念天地恩赐而举行的祭祀，二是敬仰古圣先贤和感念祖宗恩德而举行的祭祀。也就是说，古人的祭祀对象以天地神祇、先贤祖宗为主，就如《史记》云：“上事天，下事地，尊先祖而隆君师，是礼之三本也。”当然，天神地祇只能由天子祭祀，诸侯大夫可以去祭祀山川，而民间百姓却将祭祀发挥得淋漓尽致，不仅祭祀自己的祖先和灶神，还去祭祀多神信仰中的万神之灵，于是形成了独具特色而又异彩纷呈的祭祀文化。

因此，敬天地、敬祖先、敬鬼神就成为祭祀类传统节日的主要内容。

需要注意的是，祭祀天地、祖先，最终还是为了人事。春节祭天地，灶王节祭灶，中秋节祭月，七夕节拜双星，春龙节祈雨，是为感念天地自然的恩赐，祈求来年丰收吉祥；清明节、中元节举行祭祖仪式，是为表达感念恩德之情；寒食节、端午节缅怀古代先贤，是为表明忠诚爱国之志。在祭奠与追思中，孕育着古人“惟天地，万物父母”的敬仰天地之情，寄托了人们对生命的敬畏、对往昔的尊重。

（三）祓禊①禳灾之祈福类

祓禊，是古代在水边举行的清除不祥的祭祀活动；禳灾，就是祈祷消除灾殃。说到底，祓禊禳灾是借助各种活动，拔除不祥，祛邪除灾，以祈求平安吉祥。这类节日有上巳节、端午节、重阳节、破五节等。

①祓禊：音 fú xì。祓，是古代为除灾求福而举行的仪式。禊，是古代春秋两季在水边举行的清除不祥的祭祀。

古人在祈福时，通常要举行一定的辟邪驱毒活动和仪式。最典型的就是上巳节，人们要到水中洗去身体和衣物的污垢，通过沐浴、洗濯以求消灾去病。再如端午节，宋人会采艾草结为人状，悬于门户之上，用以驱病、防蚊、辟邪；或者将艾花插在头上，既辟邪又装饰。其他如破五节要在黎明时分燃放鞭炮、打扫卫生，重阳节要登高、插茱萸菊花等，这些习俗也都有趋吉辟恶、祈福求安之意。

（四）人生百味之团圆类

天圆地方的宇宙观，使古人具有根深蒂固的尚圆心理，表现在传统节日中，就产生了各种尚圆习俗。而重血缘、亲缘关系的宗法制社会结构，又形成重亲情、重团聚的家族伦理观念。因此，团圆美满也就成为中国传统节日的一个重要主题。这类节日以春节、元宵节和中秋节最为典型。

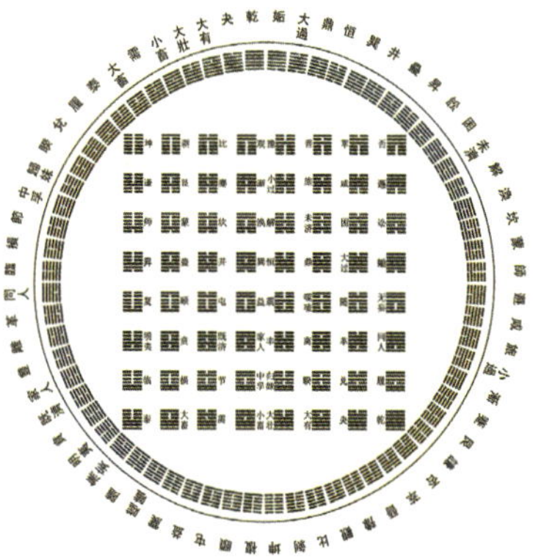

天圆地方图由八卦推演而来，后由道家修行者陈抟老祖传出。天坛地坛、北方四合院都是天圆地方学说的典型代表，普通百姓在方形小院中修一圆形水池也是天圆地方思想的体现。

除夕夜，全家人济济一堂，聚在一起吃团圆饭。浙江等地要吃“十大碗”，寓意生活十全十美；北方地区要吃团圆饺子，表明阖家团圆。元宵节，正是一年中第一个月圆之夜，吃元宵就是取“团”“圆”之音，寓意团聚圆满，祈盼诸事圆满顺遂。中秋之夜，全家要围坐一起拜月、赏月、吃月饼，月圆于上，人圆于下，谓之“团圆节”。

品过人间百味，方知团圆滋味。“圆”表达了宇宙生命生生不息的活力，传递了家族子孙兴旺、长盛不衰的血缘伦理观念。在传统节日节俗的表象下，其实隐含着千百年来人们的共同心愿：祈盼家人团圆、生活美满。

三、节日感

踩在芝麻秸上，噼噼啪啪作响，笑容荡漾脸上，喜悦印在心间。

最后说说节日感。节日感，人们通常称为“节味”，是人们在富有特殊意义的节日所获得的那种超越常日生命意义的一种人生经验。正如梁实秋笔下的过年，“前庭后院挂满了灯笼，又是宫灯，又是纱灯，烛光辉煌，地上铺了芝麻秸儿，踩上去咯咯吱吱响”，这种体验是不同以往的喜庆气氛与喜悦心情，这就是“节味”。

许多节日符号，像春节时的对联、年画、窗花、饺子，元宵节的花灯，端午节的粽子，中秋节的月饼等，都承载着节日感。一些仪式活动，如春节放鞭炮、守岁、舞龙耍狮，元宵节逛灯会、猜灯谜，中秋节祭月拜月，重阳节登高望远等，也表现着节日感。节日符号与仪式活动，让人们有了视觉、听觉、味觉、嗅觉、触觉等方面的多元享受，让节日文化变得更为生动有趣，也让一个族群产生了心理上的认同与依从。

（一）神圣感与迷醉感

传统节日给个体生命带来的神圣感，主要通过设立禁忌和举行仪式来体现。为表达对天地自然的敬畏与理解，人们在破五前忌劳作、忌妄语、忌倒垃圾、忌打骂孩子，春龙节里忌动剪刀针线；为表现对生命的阐释和对先贤祖先的敬仰，人们在清明节祭奠祖先、在端午节缅怀先贤。而且，这种神圣感就来源于古老中华文化的核心价值，这包括敬畏自然、缅怀祖先、爱国崇德、崇尚团圆、礼尚往来等文化精神特质。如今，这些特质已经浸入中国人的血液，成为中华民族的基因，世代相传。

传统节日也给人间的寻常百姓带来迷醉感，这种迷醉感满足着人们肉体和精神上的狂欢需求。对普通人来说，平时的生活太过压抑与无奈，节日期间才能实现个体生命的自由绽放。不是吗？人们平时还在节俭着过日子，但节日却可以大肆宴饮挥霍；人们平时要男耕女织、辛苦劳作，但节日却可以肆意玩乐，甚至隐居深闺的女子也能在元宵节结伴出游，在阵阵爆竹、红灯绿酒的烘托下，感受生命的释放和舒展。正如昙花一样，即便马上归于平淡，也要在某一时刻精彩绝伦地怒放。说白了，这是生活对生命的犒赏。

元宵节的盏盏花灯，映红了你的盈盈笑脸。

（二）秩序感与和谐感

传统节日的礼仪规范和德音雅乐生成着社会人伦的秩序感与和谐感。清明祭拜祖先之礼、重阳求寿饮宴之礼、端午缅怀忠烈之礼等“礼”文化，阐释着人伦孝道、仁爱爱人、爱国崇德，强化着人伦秩序与社会价值观念；而舞龙耍狮、庙会灯会、民间戏曲、民间舞蹈以及祭祀中的奏乐等“乐”文化，不断修养人格，教化心灵，促成和谐融洽的人际关系。“礼”的井然秩序，“乐”的优雅愉悦，让人们思考个人在群体当中的位置与价值，思考个人与群体应该怎样和谐相处。

心有所期，便是晴天

总之，传统节日犹如生活的调味剂，它让平庸的生命懂得神圣，让无聊的生活焕发活力。人们在传统节日的神圣感与迷醉感中忘却了过往的劳作、辛酸，向往期许着未来所有的幸福和甜蜜；在传统节日的秩序感与和谐感中，生成对中华文化的礼赞，升华个体对生命价值的感动。

第二章

春节

“爆竹一声除旧，桃符万户更新。”春去秋来、寒来暑往，伴随着时节的不断更替，人们迎来了最重要、最富有中华民族特色的传统节日——春节。在民间，过春节又称为“过年”或“过大年”。按照中国的传统历法，春节是从腊月初八到正月十五，过完元宵节，春节才算落下帷幕。在长达一个多月的春节期间，人们以盛大的仪式和热情迎接新年、迎接春天，全国上下无不沉浸在欢欢喜喜过大年的节日气氛中。

爆竹一声除旧，桃符万户更新

第一节　初识春节，寻春节之渊源

“春节”二字最早见于东汉时期。《后汉书·杨震传》中记载了杨震上疏安帝:“冬无宿雪，春节未雨，百僚憔心。”这里的“春节”不是现代意义上的春节，而是春季的意思。南宋文天祥《文山集》中有诗云“春节前三日，江南正小年。”这里的春节是“立春”之意。清代出现了以“春节”代替“新年”的说法。《富平县志》中有记载“春节，元日黎明时，家设香火牲果，盛服拜天地，次拜灶，次祖考茔中，然后拜父母，见兄长，日贺年。”此处“春节”与现代意义上的“春节”几近相似。

一、春节源于腊祭

春节的起源与发展有着悠远的历史，早在四千多年前，华夏儿女就开始过春节。关于春节的起源说法不一，其中最被认可的是，春节源于上古时期的腊祭。据记载，尧舜时代，就有了腊祭，这是年终腊月里的祭祀。腊祭要祭祀的是百神，这里的百神包括天神、土地神、农神，甚至有些地方还因猫吃田鼠保卫庄稼而祭祀猫神，老虎驱赶野猪使田地免受糟蹋而祭祀虎神等。每逢腊祭，人们载歌载舞，用打猎获得的美味作为祭品，感谢百神的保佑使人们获得了丰收。这里“猎”与“腊”相通，腊祭也就是打猎祭祀之意。

上古时期的腊祭

在腊祭中，人们不仅祭祀自然神灵，感谢大自然的恩赐，祈求农业丰收，而且还要祭祀祖先，以求平安吉祥。对祖先的祭祀，说明在古人的观念中，祖先虽然离我们先去了，但他们的灵魂还在，冥冥之中，祖先还在保佑他们。“事死如事生，事亡如事存。”中华民族的孝文化，正是在这种延绵不绝的祖先祭祀传统中得到传承与光大。春节祭祖，从主观上来说，人们试图通过祭祖以实现与先人神灵的沟通，进而获得先祖的关怀与庇佑，使家族兴旺，子孙多福；从客观上来说，也有着良好的社会教化功能，一些仪式礼节，具有参与性、严肃性、规范性和神圣性，强化了宗族、家族成员之间的认同感和凝聚力。

腊祭既是祭祀周期的终点，也是新的祭祀周期的起点，不仅是自然、社会的节律，也是人生的重要节点。因此，春节起源于腊祭的说法是具有代表性的。如今欢度春节，当十二点的钟声敲响，全国上下辞旧迎新、欢度这一年一度的盛大节日。

二、“春节”与“年”

春节，老百姓俗称“过年”。“年”是历法上的一个时间单位。在古代，年是指谷物成熟，许慎就将年解释为“谷熟也”。过年，就是人们在谷熟时节举行的庆典活动。只是此时，每年谷物成熟的时间有所不同，至于春节是哪一天也就没有固定下来。后来，人们观察星象，对年、四季、月、日、时有了更为准确的认识，才确定以谷物的生长周期为一年；以星象规律为四季；以月亮圆缺为一月；以一昼一夜为一日；以十二地支均分、标记一日，每一等份称为一时；并最终确定每年农历的正月初一为春节。

其实，把这传统的年节称为“春节”的历史也不过百年。汉武帝颁布《太初历》，确定以农历的正月初一为岁首，又名“元旦”，这个规则一直延续了两千多年。1911 年辛亥革命以后，人们使用公历计算历法，于是公历 1 月 1 日就被称为“元旦”，又称“新年”，而农历正月初一就叫做“春节”。

虽然春节的日子定在农历正月初一，但庆祝新年的活动却并不仅限于正月初一这一天。早从腊月二十三起，人们便开始忙年。有的地方，春节是从腊月初八开始，一直到正月十五，其中以除夕和正月初一为高潮。在春节期间，我们要举行各种庆祝活动，这些活动大多以祭祀神佛、祭祀祖先、除旧迎新、祈求丰年、迎春纳福为主要内容，活动形式多彩纷呈，许多关于春节的传说和习俗流传至今。人们在过年的喜庆气氛中接受民族传统精神的洗礼。

随着新中国的成立，中华人民共和国人民政府规定每年春节放假 3 天。时至今日，春节不仅保留了过

去民间的传统习俗，剔除了一些带有封建迷信的活动，而且增加了不少新的内容，使得春节具有新时代的气息。2006 年，“春节”民俗被批准列入第一批国家级非物质文化遗产名录。

春节是集年庆和娱乐为一体的盛典佳节，是中华民族最重要的传统节日。经过千百年的发展，春节的年俗庆祝活动变得异常丰富多彩。在漫长的岁月中，春节的习俗虽然随着时代的变迁，在不同的历史时期有着不同的变化，但人们追求平安吉祥、祈盼和谐幸福生活的渴求与向往却从未曾改变。

第二节　细听传说，追春节之情怀

春节是中国一个古老的传统节日，也是中华儿女所独有的节日，是中华文明最集中的表现。在千百年的历史发展中，形成了丰富多彩的春节传说故事，许多还流传至今。

一、熬年守岁的传说

守岁，就是在除夕夜里不睡觉，熬一整夜来迎接新年的习俗，也叫除夕守岁或是熬年守岁。这一习俗兴起于南北朝，那时，人们在夜里点起蜡烛或油灯，终夜不眠、以待天明，象征着驱邪避疫，期待新的一年吉祥如意。直到今天，人们还在除夕夜里守岁迎新。有关这个习俗的来历，民间流传着这样一个有趣的故事：

相传在太古时期，有一种叫“年”的凶猛怪兽会在天黑以后出来吃人，鸡鸣破晓后便返回山林中。后来，人们渐渐掌握了年的活动规律，它是每隔365天就到人群居住的地方吃人。于是，百姓们便把“年”出来活动的这一夜视为关口来熬，这一夜便称作“年关”。

大年三十熬一宿

为了平安地度过这一年关，百姓们每到这一天晚上，都会提前做好晚饭，关好门窗，躲在屋里，全家老小一起吃“年夜饭”。由于这顿晚餐凶吉未卜，所以置办得特别丰盛，还要在吃饭前祭拜祖先，祈求祖先的保佑，平安度过这一夜。吃过晚饭，谁都不敢睡觉，全家上下团坐在一起闲聊壮胆，这就逐渐形成了除夕熬年守岁的习俗。

二、万年历法的由来

中国的传统家庭中有挂《寿星图》的习俗，希望家人能像图中的寿星那样长命百岁，这个寿星就是传说中的万年。

相传古时候，万年住在定阳山，虽然他家境贫寒，但他并不悲观、气馁。他热爱思考，遇事爱琢磨动脑筋。他看到人们常被混乱的节令所困扰，就有了把节令定准的打算。一天，他上山砍柴累了，坐在树荫下休息时，无意间受到树影移动的启发，设计出可以测定一天时间的晷仪。可是，这种日晷仪只能在晴天使用，若遇天阴雨雾，则无法测量。后来，他又在山崖滴泉的启发下做了一个五层漏壶，来计算时间。日积月累，他又发现四季轮回的规律。

寿星公万年

当时的国君叫祖乙，由于不能准确预测天气的风云变化，而让他十分苦恼。万年决定为君分忧，就带着日晷和漏壶去见祖乙，为他讲清了日月运行的道理。祖乙听后龙颜大悦，于是在天坛前修建日月阁，修筑起日晷台和漏壶亭，希望万年创建历法，为天下的百姓造福。

一次，祖乙在登上日月阁时，看见天坛边的石壁上刻着一首诗："日出日落三百六，周而复始从头来。草木枯荣分四时，一岁月有十二圆"。万年指着天象，对祖乙说："现在正是十二个月满，旧岁已完，新春复始，祈请国君定个节吧"。祖乙说："春为岁首，就叫春节吧”。据说这就是春节的来历。经过长期的观察与精心推算，万年制定出精确的太阳历。后来，祖乙为了纪念万年立下的功绩，便将太阳历命名为“万年历”，封万年为日月寿星。现如今，人们在过年时挂上的寿星图，就是为了纪念德高望重的万年。

三、压岁钱的来历

俗话说 “大人盼种田，小孩盼过年。”压岁钱可是孩子们心心念念想过年的原因之一，那你知道压岁钱是怎么来的吗？

传说古时候有一种身黑手白的小妖叫做“祟”，每逢大年三十的夜里都出来害小孩。他只要用那双惨白的手在熟睡的小孩额头上摸三下，小孩子就会发高烧，讲呓语；过几天高烧退去，原本聪明伶俐的孩子就变得神志不清，呆头呆脑的。后来，人们害怕“祟”来伤害自己的孩子，就在这一天通宵灯火，大家围炉团坐不睡，“守祟”保护孩子。

有一家人老来得子，为了保护这来之不易的孩子，他们在这一晚就陪着孩子玩耍，用红纸包八枚铜钱，小孩拆了又包，一直到睡下。但这夫妻俩可不敢睡，守在孩子身边。半夜狂风大作，“祟”又来作怪，当它得意地准备用手去摸孩子的头时，枕边突然出现一道亮光，“祟”吓得魂飞魄散，仓惶而逃。这件事后，这对夫妻把“红纸包铜钱”的事告诉大伙儿，家家户户也就年年按照这样的方法防“祟”，从此，小孩们再也没被伤害过。

传说这八枚铜钱是八仙变的，暗中保护孩子平安。红包“压祟”的习俗也延传至今，因“岁”与“祟”谐音，“压祟”发展到现在也就自然叫做“压岁”了。

四、贴春联和门神

相传贴春联的习俗，源于一千多年前的后蜀时期，春联的原型就是人们所说的“桃符”。

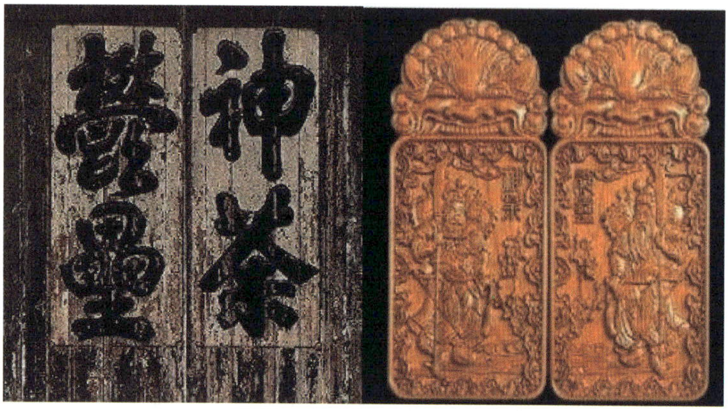

刻有神荼、郁垒模样的桃符

在中国古代神话中，传说有个鬼界，当中有棵覆盖三千里的桃树，树上有只金鸡。每当清晨金鸡长鸣时，夜晚出去的鬼魂就必须赶回。负责看守鬼界大门的两个神仙叫神荼、郁垒，如果鬼在夜间干了伤天害理的事，他们就会立即将它捆起来，捉去喂虎，所有的鬼都害怕他们。于是百姓们就用桃木刻成神荼、郁垒的模样，放在家门口，以避邪防害。后来，人们在桃木板上刻上神荼、郁垒的名字，认为这样同样可以驱邪，这种桃木板后来就被称做“桃符”。

到了宋代，人们便开始在桃木板上写对联，目的有三：一是不失桃木镇邪的意义，二是表达对美好生活的向往，三是装饰门户，以求美观。后来，也有的人在象征喜气吉祥的红纸上写对联，新春来临之际贴在大门两边，用来表达人们祈求来年福运的美好心愿。由于中国民居的大门通常都是两扇对开，所以对联与门神总是成双成对的。

唐朝以后，除了贴神荼、郁垒以外，人们把秦叔宝和尉迟恭两位唐代武将也当作门神。相传，有一回唐太宗生病，听见门外鬼魅呼号，彻夜不宁。于是他让秦叔宝和尉迟恭两位将军手持武器站立于门旁镇守，第二天夜里就再也没有鬼魅骚扰了。从此以后，唐太宗让人把这两位将军的形象画下来贴在门上，渐渐这一习俗在民间开始广为流传。

五、祭灶王的传说

关于灶王爷的来历众说纷纭。传说灶王爷本名姓张，名定福，是个十足的大懒汉，成天喝酒赌钱，把家里输个底儿朝天，最后，把贤惠的妻子阿金也给卖了。但是，没过多久，又输的精光，只好流落街头，沿街乞讨。

一天，他来到一户人家要饭，正在厨房忙碌的妇人好心给他端出一碗饭来。这妇人正是被他卖掉的老婆阿金。阿金也认出这个肮脏的乞丐居然是张定福，她是又生气又伤心，把饭碗递给张定福，转身进屋了。没过多久，她拿着几个粽子出来，在里面偷藏了十两银子，并叮嘱张定福一定要自己吃。谁知回去的路上遇上了债主，张定福无奈只好把粽子塞予那人，才勉强脱身。过了一天，他又饿得发慌，只好又厚着脸皮去向阿金要吃的。阿金一听他把粽子给了他人，不禁气得大骂：“你这个糊涂鬼，我再三交代，你就是不听。粽子里藏了十两银子，你怎么送人了呢？”张定福听完气得是捶胸顿足，想不到阿金对自己这么好，自己却这样没出息，真是又羞又恼。

这时，突然有人凶巴巴地在喊阿金的名字。“糟糕，是我丈夫。”阿金着急地说，“他脾气很坏，你赶紧躲一躲。”张定福慌得不知躲哪，转身看见做饭的灶台，他想也不想，就一头钻进去了。阿金的丈夫对她一顿训斥：“买来这么懒的老婆，快去打一桶水来。”阿金的丈夫看她离开了厨房，便动手生起火来。此时，躲在灶里的张定福，看见烧起的火，不由得吓了一大跳，本想冲出灶去，但是转念一想，已经把阿金害得够惨了，不能再连累她。反正活着也是没出息的人，不如烧死在这灶里，做个没出息的鬼吧！等阿金回来，灶里早已燃起熊熊大火，要想救他也来不及了。

从此，阿金每天做饭一看到灶台，就会泪汪汪地想起张定福，只好偷偷立了一个牌位，上头写着“定福神位”，放在灶头祭拜。后来，邻居看到阿金拜的“定福神位”，就好奇地问：“这是什么神？我们怎么从来没听说过。”阿金胡乱说了个谎：“这是灶神，我们每天吃的都来自于此，当然应该拜拜灶神。”邻居们觉得很有道理，也都回家供起“定福神位”来。后来玉皇大帝鉴于张定福在临死时的一念之善，便委派张定福做厨房里的灶神。

关于灶王爷的来历，还有一说，灶王爷可能是炎帝或者祝融，在《淮南子祀论篇》中说“炎帝作火而死为灶”意思就是炎帝以火德管理天下，死后以灶神的身份享受祭祀。也有人说祝融也是灶神，他本是火官之神，死后成了灶神。

南北朝以后，对灶神的祭拜已成为民间的习俗。隋唐以来，祭灶神的民俗日益普遍，一直延续到近代。

第三节　明晓习俗，探春节之内涵

春节是中华民族最具影响力、最隆重的传统节日，经过两千多年的文化沉积，创造了一系列内涵丰富、形式多样的礼仪习俗。春节期间的主要活动有：腊月二十三祭灶神，节前扫尘、贴春联、贴门神、贴年画、贴福字，除夕夜吃年夜饭、守岁、放爆竹，正月初一祭祖、拜年、长辈给晚辈压岁钱，正月初五送穷、迎财神等活动。随着社会的进步，重要的习俗传承至今，并赋予其新的内容，形成了底蕴深厚，独具特色的春节文化。

一、腊月二十三——祭灶神

腊月二十三，是小年。从名字可以看出，我们期盼的过年开始了！不同地方，小年的日期是不同的。中国北方是腊月二十三过小年，南方是腊月二十四过小年。过小年像过大年一样，也讲究阖家团圆，北方很多地方在这一天会吃饺子。除此之外，小年还有它特殊的习俗——祭灶神。

现在的乡下，还会在烧火的灶墙上贴着“灶王爷”的像，画像两侧写着：“上天言好事，回宫降吉祥。”灶神是东厨司命，关于他的职能《敬灶全书》上说：“受一家香火，保一家康泰，察一家善恶，奏一家功过。”简而言之，就是守护一家的灶，保家门平安，监督一家的情况，向玉皇大帝报告，然后玉皇大帝根据这一家人一年所做的善事和恶事，给予相应的奖赏和惩罚。这一天因为灶王爷要上天汇报，所以大家都要谨言慎行。大人会叮嘱小孩，这一天不可以乱说话，免得被灶王爷记住，告到天上，降下祸事。就是最多嘴、凶悍的媳妇，在这一天也会恭恭敬敬、规规矩矩。这么一来，灶神就非常重要了，一定要认真地供奉。

到了腊月二十三，灶王爷就要上天报告善恶。这一天，首先要祭祀灶王爷，主要的祭品是麦芽糖。有的人认为，糖是甜甜蜜蜜的，灶王爷吃了也会多说甜蜜的好话。也有的人认为，为了防止灶王爷上天说坏话，百姓们想拿糖黏住灶王爷的嘴，他想说也开不了口，这样家里的是非就传不到天上去了。

上天言好事，回宫降吉祥

祭过灶王爷，就送灶王爷上天。现在灶王像都是贴画，把它放入火中烧掉，就是送神走了。送灶神上天的时候，人们也不忘把握最后的机会，祈求灶神“多说好话，莫讲坏话”、“多说好事，少讲是非”。有的地方为上天汇报的灶王爷准备坐骑，有的是手工扎的马，有的是手工做的轿，好让灶王爷骑马或坐着轿子上天。在这一风俗盛行的时候，就会有卖这种扎马和轿子的小贩，这也平添了小年的气氛。到了除夕，人们贴上新的灶王爷像，就把灶王爷又迎回来了。

对灶神的推崇，继承的是先民对火的敬畏。每一家、每一户都有自己的灶王爷，他守护着灶，深知民间的疾苦，他是离人民最近的神。朴实的人们希望在他的庇护下，年年岁岁平平安安。

二、腊月二十四——扫尘

每年从腊月二十三日起到除夕，民间把这段时间叫做“迎春日”，也叫“扫尘日”。扫尘就是年终的大扫除，北方叫“扫房”，南方称之为“掸尘”。每逢春节来临之际，家家户户都要打扫房前屋后，清洗各种器具，拆洗被褥窗帘，洒扫六闾庭院，掸拂尘垢蛛网，疏通明渠暗沟。每到此时，全国上下到处洋溢着“欢欢喜喜搞卫生、干干净净迎春节”的节日气氛。

腊月二十四，扫尘日

“腊月二十四，掸尘扫房子”的习俗，由来已久。据《吕氏春秋》记载，在尧舜时期就有春节扫尘的习俗。由于“尘”与“陈”谐音，新春扫尘有“除陈布新”的意思，扫尘就是要把一切不好的扫出门。这一习俗寄托着人们破旧立新的愿望和辞旧迎新的祈盼。

三、腊月三十——除夕

除夕与春节（正月初一）首尾相连，“除夕”中的“除”字是“去、易、交替”的意思，除夕的意思是“月穷岁尽”，这一天是全年的最后一个晚上，人们要除旧布新，旧岁至此而除，来年另换新岁。期间的活动都围绕除旧迎新，消灾祈福为中心。

（一）贴门神

中国过年有贴门神的习俗。最初的门神是用桃木刻成人形，挂在门旁，后来是画成门神人像张贴在门

绿地流云门神（左）

绿地流云门神（右）

上。门神像左右各一张，后来人们常把一对门神画成一文一武。门神分三类：第一类是“大门门神”，多贴在车库门或整间大门上，高约四五尺，宽约二三尺。我们贴的大门门神除了神荼、郁垒以外，还有秦叔宝和尉迟恭。第二类是“街门门神”，大多贴小街门上，高约二尺，宽约一尺。这两种门神都是一个黑脸一个白脸。白左黑右，白脸慈眉善目，黑脸面目狞恶，各手执槊钺。第三类是“屋门门神”，较街门门神稍小。屋门贴得最多的是“麒麟送子”像，两个敷粉涂脂梳太子冠的娃娃，各乘麒麟，很是欢喜。

（二）贴春联

春联也叫“门对”“春帖”，它工整、对仗，文字简洁、精巧，因在春节时张贴，因此得名。古人在立春日多贴“宜春”二字，后来逐渐发展为春联。据说春联的普及始于明代，与朱元璋有关，《簪云楼杂说》中提到，有一年准备过年时，朱元璋下令每家门上都要贴一幅春联，以示庆贺。由此，春联得以推广，沿袭至今，家家户户都要贴春联。原来春联题写在桃木板上，后来改写在纸上。桃木的颜色是红的，有吉祥，避邪的意思，因此春联大都用红纸书写。

写春联

（三）贴福字

过春节时，家家户户会在大门、墙壁、窗户上贴上大大小小、造型各异的“福”字。“福”是中国最古老的文字之一，大约有三千多年的历史。甲骨文中的福字表示“双手捧酒食奉于神主前”，左边有一个升高的摆放供品和香炉的台面，右边上半部分是一个类似容器的物件，右边下半部分是一双托举姿势的手。左右两个部分组合起来整体看，就是人双手托着美酒和食物，供奉神佛，以示崇敬与感恩。现如今福字包含了幸福、福气、福运之意。

我们最常见的福字分正福和倒福，一般来说贴在大门的门福是正福，寓意“开门见福”、“福如东海”。倒福要坐北朝南贴在门厅的正前方，这叫做“福入厅堂”，但一家只能贴一个倒福。贴福字的讲究是老祖先们几千年经验的总结，具体贴放的位置都是按照天干地支排列出来的，而且贴福字的时间也大有讲究。贴福字的最佳时间应该在年三十的下午，太阳尚未落下之前，且顺序应该是从外向里贴，先贴门福，再贴倒福，意味着一年的福气都要从外面流进来。

在中国民间春节贴福字的习俗由来已久。从古至今，贴福字表达了人们对幸福生活的向往和对美好未来的祝愿。

（四）年夜饭

吃年夜饭，是春节最热闹最愉快的时刻。丰富的菜品摆放一桌，阖家团聚，围坐桌旁，共吃团圆饭，心里的充实感是难以言喻的。人们一边享受满桌的佳肴盛馔，一边享受欢乐的气氛。

年夜饭的讲究很多，南北各不相同，有饺子、馄饨、长面、鱼、年糕等，各有寓意。

北方人过年吃饺子是必不可少的，饺子是取新旧交替“更岁交子”的意思。白面饺子形状像元宝，象征着“招财进宝”。有时包饺子，还把洗干净的硬币包进去，谁先吃着了，预示着来年能挣大钱。据考古发现吃饺子这一习俗，距今已有1800多年历史。“身着宽袍的女子卷起袖子在案板前忙碌着，而在她身前的案板上，就藏着中国最早的饺子。”日前，一件来

自东汉时期的女厨俑，让人们看到了中国早期的饺子。当时的饺子和现在的形态已经没有多大差别，饺子的边缘被捏出了漂亮的花边。相传，最初的饺子被当做一种药物。医圣张仲景在寒冬腊月，看到穷人的耳朵被冻伤了，便做了一种“祛寒娇耳汤”给穷人治冻伤。他用羊肉、辣椒和一些祛寒温热的药材，用面皮包成耳朵样子的“娇耳”，下锅煮熟，分给穷人吃，人们吃后，觉得浑身变暖，两耳发热。以后，人们纷纷仿效。到了三国时期，饺子已经成为家喻户晓的一道美食，被称为“月牙混沌”。到南北朝时期，那时的饺子煮熟后，不是捞出来单吃的，而是和汤一起混着吃，所以人们把饺子叫做“馄饨”。而宋代则是“饺子”一称的源起，当时人们称饺子为“角儿”，这个名字就是“饺子”一词的词源，在《东京梦华录》中就提到“水晶角儿”、“煎角子”。同时，饺子在宋代时传入蒙古，随着蒙古的征伐，饺子也被带到了世界各地，流传至今。

新年吃馄饨，是取其开初混沌之意。传说世界生成以前是混沌的状态，盘古开天辟地，才有了宇宙四方，新年吃馄饨的习俗也由此流传开来。长面，也叫长寿面。新年吃面，是预祝寿长百年。鱼是春节餐桌上必不可少的一道菜，“鱼”和“余”谐音，有“年年有余”、“吉祥有余”的寓意。所以，过年家家户户都有吃鱼的习俗。过年吃年糕是中国南方地区的习俗，年糕谐音“年高”，祈盼生活一年比一年好。

（五）放爆竹

午夜十二点，新年钟声敲响，整个华夏大地上空，爆竹声震响天宇。在这“岁之元、月之元、时之元”

的“三元”时刻，有的地方会在庭院里垒“旺火”，以示旺气通天，兴隆繁盛。在熊熊燃烧的旺火周围，孩子们放爆竹，欢乐地手舞足蹈。这时，屋内是通明的灯火，庭前是灿烂的火花，屋外是震天的响声，把除夕的热闹气氛推向了最高潮。

爆竹是中国的特产，起源距今已有 2000 多年的历史，它的原始目的是驱逐鬼怪、迎神。在远古时没有火药和纸张，人们用火烧竹子产生的爆裂的声音，驱赶瘟神。从唐朝诗人来鹄在《早春》中提到的诗句“小庭犹聚爆竿灰”，大家可以想象出长竹竿逐节燃烧的情形。后来，人们经过不断的试验，发明了鞭炮、烟花等。爆竹以其强烈的喜庆色彩发展为辞旧迎新的象征符号，成为最能代表新年到来的民俗标志。

（六）守岁

中国民间在除夕这一天有守岁的习俗，也称为“熬年”，这是除夕最重要的年俗之一。守岁从吃年夜饭开始，这顿饭要慢慢地吃，有的人家要一直吃到深夜，全家团坐一起，等着辞旧迎新的时刻，通宵不睡，象征着驱邪避疫，期盼如意吉祥。守岁的习俗，既有对逝去的岁月惜别留恋之情，又有对即将来临的新年寄以美好希望之意。年长者守岁为“辞旧岁”，有珍惜时光的意思；年轻人守岁，是为延长父母的寿命。直至今日，人们还保留了除夕守岁的习俗。

（七）压岁钱

压岁钱是由长辈发给晚辈的。吃完年夜饭后，大家围坐在桌旁，由长辈发给晚辈，并勉励儿孙在新的一年里学习长进，好好做人。有的父母在子女熟睡后，将压岁钱放在他们的枕头下，还有的是小孩们齐集正

厅，高呼爷爷奶奶、爸爸妈妈新年快乐，而后伸手要红包，一句“恭喜发财，红包拿来”成为小朋友们过年时的口头禅。老人家逢此情景更是乐不可支，认为这是新年事事顺利的好兆头。过年给压岁钱，体现出长辈对晚辈的关爱，和晚辈对长辈的尊敬。过去有童谣云：“三星在南，家家拜年；小辈儿的磕头，老辈儿的给钱。要钱没有，扭脸儿就走。”

（八）踩祟

大年三十晚上，将芝麻秸秆铺在院子里，小孩儿们在上面跑来跳去，由于晒干的芝麻秸秆和迸裂的芝麻粒角非常脆，脚踩上去“噼噼啪啪”的像爆竹声，所以人们称其为“踩岁”，也叫“踩祟”。由于“岁”与“祟”同音，寓意新春开始驱除邪祟、迎祥纳福。相传这一风俗是源于一个传说。据说姜子牙媳妇是“扫把星”，玉帝抓拿她，她逃跑藏在芝麻田里，后来天兵天将来到芝麻田里将她捉拿。从此之后，姜子牙媳妇就很怕踩在芝麻杆上噼噼啪啪的声音。过年踩芝麻秸秆的习俗也就此流传开来。

（九）祭祖

古时祭祖的习俗很流行。因各地礼俗的不同，祭祖形式也各不相同，有的到野外瞻拜祖坟，有的到宗祠祭祖，而大多在家中将祖先牌位依次摆在正厅，陈列供品，然后祭拜者按长幼的顺序上香跪拜。祭祖时，将鱼肉盛放在高碗中，有钟鸣鼎食的意思。南方人祭祖尤为隆重，大多是八碗大菜，按灵位设置碗筷。

台湾人过年的第一件大事就是祭祖、祭神。焚香点蜡，供上清茶，叩拜祖先，这叫“开春”。最后，要烧金纸献给祖先。

（十）饮屠苏酒

屠苏酒是一种药酒。在古代习俗中，元日全家饮屠苏酒，以祛不正之气。古代饮屠苏酒，方法很特别。一般人饮酒，总是从年长者饮起，但是饮屠苏酒却正好相反，是从最年少的饮起。意为年少者一天天长大，先饮酒以示祝贺；而年长者一天天老去，后饮以示挽留。宋朝文学家苏辙的《除日》诗道，“年年最后饮屠苏，不觉年来七十余”，说的就是这种风俗。这种特殊的饮酒次序，不禁令人产生种种感慨，所以给人留有深刻的印象。

四、正月初一——拜年

大年初一清晨，人们穿戴一新，开始了热热闹闹的拜年。拜年是春节里的一项重要活动，到亲朋好友家和邻里那儿道贺新春，是人们辞旧迎新、相互表达美好祝愿的一种方式。拜年的习俗，汉代已有，到唐宋之后十分盛行。有时人们不必亲身前往的，可采用名帖投贺的方式，这种名帖在东汉时叫作“刺”，到了明代之后，许多人家在门口贴一个红纸袋，专收名帖，叫“门簿”。现如今我们用明信片来传达问候。

春节拜年

拜年是中国民间的传统习俗，春节拜年时，晚辈要先给长辈拜年，祝长辈长寿安康，长辈可将事先准备好的压岁钱分给晚辈。在古代，“拜年”一词的含义是为长者拜贺新年，包括向长者叩头施礼、祝贺新年如意、问候生活安好等。遇有同辈亲友，也要施礼道贺。随着时代的进步和科技的发展，拜年的习俗也与时俱进，不断增添新的内容和形式。现如今，短信拜年、微信拜年、抢红包拜年等新潮的拜年方式，形成了拜年习俗中一道靓丽的风景。古往今来，不论拜年形式如何变化，人们对美好生活的祝福和向往却从未改变。

五、正月初五——破五

正月初五又称破五。民间有吃饺子的习俗，寓意招财进宝。民俗有种说法，初五之前的许多禁忌过了这天都可以破除。妇女们开始互相走访拜年、道贺。新嫁女子在这一天归宁。据说破五这一天不宜做事，否则本年内遇事破败。正月破五除了有诸多禁忌外，还有送穷，迎财神，开市贸易等习俗。

（一）祭财神

传说正月初五是财神诞辰日，南方人在这一天祭财神。财神又叫五路神，所谓五路是指东西南北中五路。清代顾禄《清嘉录》中提到：“金锣爆竹，牲醴毕陈，以争先为利市，必早起迎之，谓之接路头。”中国各地都有接路头的习俗。正月初四子夜，备好祭牲、糕果、香烛等，并鸣锣击鼓，焚香礼拜，虔诚恭敬财神。凡接财神须供羊头与鲤鱼，供羊头有“吉祥”之意，供鲤鱼是图“鱼”与“余”谐音。人们深信只要能够得到财神显灵，便可发财致富。

因此，每到过年，人们都在正月初五零时零分，便打开大门和窗户，燃香放爆竹，点烟花，向财神表示欢迎。接过财神，大家还要吃路头酒，往往吃到天亮。

（二）送穷

正月初五“送穷”，是中国古代民间一种很有特色的风俗。这一天各家各户制作一个身背纸袋的妇人，将屋内秽土扫到妇人背的纸袋里，送门外点燃。这一习俗又称为“送穷土”，“送穷媳妇出门”。民间广泛流行的送穷习俗，反映了中国人民普遍希望辞旧迎新，送走旧日贫穷困苦，迎接新一年的美好生活的心理。

许多地方风行一种叫做赶“五穷”的风俗。黎明时分，人们放鞭炮，打扫卫生。鞭炮从每间房屋里往外头放，边放边往门外走。说是将一切不吉利的东西都轰出去，让它们离我们远远的。腊月三十到正月初五，一般是不允许搞卫生的，只能在屋里扫地，垃圾暂时放在屋里的拐角处。特别是大年初一，扫帚是不能动的，说是动了就将好运气扫掉了。可到破五这一天，却得彻底地搞一回大扫除。等到垃圾扫出大门，将鞭炮从屋里放到了屋外，于是拿来一个大爆竹，放在那垃圾堆上，点燃，轰隆一声，仪式完毕。人们说：这下子，一切穷气穷鬼都给赶跑了！

（三）开市

旧俗春节期间大小店铺从大年初一起关门，而在正月初五开市。古人以正月初五为财神日，认为选择这一天开市必将招财进宝。大多商店、酒楼会选择这一天开张营业，而且要大放鞭炮，热闹的景象不亚于除夕。在这一天商家会在大门两侧贴上“开市大吉，万事亨通”的大红对联，寓意着在这一年里财源广进、生意兴隆。

第四节　美食美诗，品春节之英华

“初一饺子初二面，初三盒子往家转，初四烙饼炒鸡蛋。初五、初六捏面团，初七、初八炸年糕，初九、初十白米饭，十一、十二八宝粥，十三、十四汆汤丸，正月十五元霄圆。”中国的饮食文化源远流长，而有关春节的食俗更是中国饮食文化中的一大瑰宝。每当阖家团圆，欢庆春节的时候，人们开怀畅饮、杯觥交错、其乐融融。在热闹的氛围中品味着年的滋味，尽情享受着丰盛的美食。

一、春节美食

由于中国地大物博，各地风俗不同，春节的食俗也各有差异。汉族的春节一般以吃饺子、年糕、汤圆、面条、荷包蛋、全鱼、橘子、苹果、花生、瓜子、糖果等食品以及饮用美酒为主，不仅讲究食物的品种丰富，而且特别重视食物的“口彩”。春节食俗不仅是过年时的物质享受，而且具有丰富的文化内涵。我们常常赋予美食佳肴以吉祥平安的寓意，来表达人们对美好幸福生活的向往与憧憬。

（一）包饺子

每逢新春佳节，饺子是北方人必不可少的传统美食，中国有句老话叫“好吃不过饺子”，每逢年节一定要吃饺子。饺子外形好似元宝，包饺子意味着包住福运。一般在除夕晚上 12 点以前，人们早早就把饺子包好，待到半夜子时煮而食之，这时正是新年旧年交接之时，吃饺子取中文谐音“更岁交子”、辞旧迎新之意。因此过春节时，无论菜肴多么丰盛，我们中国人都不会忘记吃一顿饺子。

北方人过年吃饺子，以白菜猪肉馅居多，白菜与“百财”谐音；另一方面，白菜的颜色和外形，寓意清白，表示洁身自立。过年吃的饺子还有白菜豆腐馅的，象征着添福、多福，聚财、招财。有的饺子中放糖，寓意是吃了日子甜甜美美；有的放花生（称长生果），寓示长寿；有的饺子中放一枚钱币，如果谁吃到了就可财运亨通。

饺子是庆祝春节的一种典型食物，凝聚着劳动人们的智慧和对新生活的美好愿景。

（二）蒸年糕

年糕是南方人过年喜欢的食物，年糕一般有红、黄、白三色，年糕又称“年年糕”，与“年年高”谐音，寓意着人们的工作、生活和收入一年比一年高。所以，古人有诗云：“年糕寓意稍云深，白色如银黄色金。年岁盼高时时利，虔诚默祝望财临。”随着时代的变迁，年糕的样式与口味越来越多样化，现在几乎成了家家必备的应景食品。

与饺子一样，年糕也有好多讲究，在样式上，口味上都有不同。做年糕时可以把年糕的式样做成方块状的黄、白年糕，象征着黄金、白银，寓意着新年发财的愿望；也可以做成栩栩如生的大红鱼，象征着年年有余。年糕的口味，因地而异。北京人喜欢江米、黄米制成的红枣年糕、百果年糕和白年糕。而河北人则喜欢在年糕中加入大枣、小红豆、绿豆等一起蒸食。

陕西北部、内蒙古等地过年时习惯吃黄米粉油炸年糕，有的还包上豆沙、枣泥等馅儿。山东人则用黄米、红枣来蒸年糕。

年糕

北方的年糕以甜为主，或蒸或炸，也有人干脆蘸糖吃。南方的年糕则甜咸兼具，例如江苏、宁波的年糕以粳米制作，味道清淡，除了蒸炸以外，还可以切片炒食或是煮汤。甜味的年糕以糯米粉加白糖、猪油、玫瑰、桂花、薄荷等配料，做工精细，可以直接蒸食或是蘸上蛋清进行油炸。总之，年糕的样式和口味多种多样，是春节时期家里必备的食品，尤其是孩子们的最爱。

（三）蒸花馍

蒸花馍，也称面塑，是北方的传统美食之一，是源于山东、山西、北京的民间传统艺术。腊月二十三后，家家户户要蒸花馍，主要用于敬神和走亲戚。“一家蒸花馍，四邻来帮忙”，这往往是女性一展手艺的大好机会。

蒸花馍

蒸花馍的原料简单，以面粉为主料，调成不同色彩，根据所需随手取材，用简单工具，塑造出各种栩栩如生的形象。花馍的花饰以神态自然的花鸟鱼虫、蔬菜水果、灵猴献桃等万物生灵为主，表达对先祖的祭祀和对未来美好生活的向往。大部分花馍不只可以欣赏，更可以充饥。

（四）吃糖瓜

糖瓜又称关东糖、灶糖，其实是一种麦芽糖，黏性很大，在农村常见。冬天的时候，把糖瓜放到屋外，因为冬季寒冷，糖瓜凝固得很结实，中间还形成了很多气泡，吃起来很酥脆，还可在糖瓜中加入芝麻，口感更佳。

（五）饮屠苏酒

正月初一喝屠苏酒，新的一年百病全消。屠苏酒是一种药酒，屠苏意为屠绝鬼气，苏醒人魂，以白术、防风、桂枝、大黄、花椒、乌头等中药入酒浸制而成，具有祛风散寒、益气温阳的功效。新年喝屠苏酒已经是流传千年的习俗了，据说是华佗所创，后经唐代孙思邈的宣传才为人所知。

二、春节美诗

春节文化是中华民族无比丰富的精神财富，历代的诗人墨客总是以最美好的诗句，赞颂新年的到来。

元日

［宋］王安石

爆竹声中一岁除，
春风送暖入屠苏。
千门万户曈曈日。
总把新桃换旧符。

一片爆竹声中送走了旧的一年，饮着醇美的屠苏酒感受到了春天的气息。初升的太阳照耀着千家万户，家家门上的桃符都换成了新的。

大年初一祭神祭祖完毕，家家户户争先恐后地打开大门，点燃早早准备好的鞭炮，在一场爆竹鸣奏的大合唱中，喜迎新春佳节。这首诗描绘了中国人民欢度春节、除旧迎新的喜庆情景。爆竹声响是辞旧迎新的标志，是人们喜庆心情的流露。

寒冷之夜，在异乡的旅店里，一盏灯，照着，独自不成眠，究竟是什么事，扰乱我的心，让我如此凄凉呢？原来是我在思念远在千里之外的故乡啊，愁白了两边的鬓发，等待第二天起来，又是新的一年了。

除夜作

［唐］高适

旅馆寒灯独不眠，客心何事转凄然。
故乡今夜思千里，愁鬓明朝又一年。

这首诗是高适的一首七言绝句，写于除夕之夜。此诗写出了游子家人分隔两地的相思之情，深思苦调，委曲婉转，感人肺腑。

岁旦族党会拜

［宋］戴复古

衣冠拜元日，樽俎对芳辰。
上下二百位，尊卑五世人。
排门乔木古，照水早梅春。
寒春将消歇，风光又一新。

大年初一清晨，人们穿戴一新，在欢乐的节日气氛中开始了热热闹闹的拜年。古代拜年的方式是多种

多样的，这首诗描绘出家族二百多人、五代同堂拜年的盛况。这首诗也给我们勾勒出一幅生机勃勃的早春图景：过完年春天也来了，腊梅开放，春寒渐消，又是一年好风光。这首诗的作者戴复古是南宋著名江湖诗派诗人，曾从陆游学诗，作品反映百姓生活，具有现实意义。

已酉新正

［明］叶颙

天地风霜尽，乾坤气象和；
力添新岁月，春满旧山河。
梅柳芳容稚，松篁老态多；
屠苏成醉饮，欢笑白云窝。

天地间风霜都已落尽了，天上和地上都是和气的景象。经过了过去的一年，又迎来了新春的年月，新春的气息覆盖所有的山川江河。梅花柳树芳菲开放，花容灿烂，都久违了。松树还是老态龙钟的样子。我喝着屠苏酒，独自醉成欢，在白云窝里，躺着欢笑。

新年竹枝词

枫隐

五路财神诞降辰，家家牲醴接财神。

纸糊元宝财神用，安有真元宝送君。

这首歌唱新年的诗歌描绘了新春伊始，万象更新的一派熙熙之乐，表现了人们饮酒庆贺、辞旧迎新、欢度佳节的愉悦心情。

正月初五是无路财神爷的诞辰日，家家户户准备好贡品接财神。

作为招财进宝之神，财神是我们中国人最为信奉的神灵之一。迎财神是春节习俗的一项重要活动。在辞旧迎新之际，人们争先恐后地把财神迎到自己家中，祈求新的一年生意兴隆、财运亨通。

第三章

元宵节

“去年元夜时，花市灯如昼。月上柳梢头，人约黄昏后。”宋代文学家欧阳修的这首《生查子·元夕》，流传至今依然脍炙人口。诗中前两句，用语虽然通俗浅白，却让人如同身临其境，仿佛也感受到了元宵佳节的热闹繁华。花市的繁灯照亮了天空，如白天一样的明亮，缤纷璀璨的花灯，渲染出一种喜庆的氛围。在月光柳影之下，相爱的男女两情依依、情话绵绵。诗人用“月上柳梢头，人约黄昏后”描绘出一幅朦胧清幽、婉约柔美的画面，与这元宵佳节的热闹喜庆相映成景，不禁让人也想穿越时空隧道，去到那个歌舞承平，风花雪月的年代，做一回古人，感受一番元宵佳节的繁华景象。

元宵佳节

第一节　初识元宵，寻元宵之渊源

元宵节，又被称为上元节、元夕、灯节或小正月，始于2000多年前的汉朝。这是一年当中的第一个月圆之夜。元气复始，春回大地，人们在这一天都会燃灯、赏灯、猜灯谜、放焰火、吃汤圆……通宵达旦，彻夜不眠。

一、元宵节起源于“平吕”

据传，元宵节是汉文帝时为纪念“平吕”而设。西汉之初，汉文帝为了庆祝周勃在正月十五日平定了诸吕之乱，他将这一天定为与民同乐日。又由于在古代，人们将“正月”称作“元月”，将“夜”称为“宵”，汉文帝就把这一年中的第一个月圆之夜，也就是正月十五日定为元宵节。于是，每到这一天的夜晚，汉文

元宵观灯（清·孙温《红楼梦图册》）

帝一定会出宫去游玩，与百姓共同庆贺。不过，当时无论宫中还是民间都只是以夜游的方式来庆祝，那时还没有举行燃灯、赏灯的活动。那么，元宵节中最浓墨重彩的主题——燃灯活动是从何而来的呢？

二、元宵燃灯的由来

元宵燃灯的由来主要有两种说法。

一种说法来自于佛教说。元宵燃灯始于东汉明帝时期，明帝提倡佛教，在佛教的教义中，火是佛的威神，灯也便成为佛前的供具之一。每逢佛教的盛会，都要大明灯火。明帝听说佛教在每年的正月十五日都有僧人观佛舍利，举行燃灯法会的做法。于是，他就命令在这一天的夜晚，皇宫和寺庙里都点灯敬佛，自己也亲自到寺院去张灯，以示礼佛，并命令士族和庶民都要挂灯。自此之后，元宵燃灯便开始蔚然成风。

还有一种说法，元宵燃灯是起源于道教的“三元说”。道教曾把上元节、中元节和下元节合称为三元。主管上、中、下三元的神分别为天官、地官和水官。其中，天官赐福，地官赦罪，水官解厄。而据说天官是正月十五日生，地官是七月十五日生，水官是十月十五日生。于是，正月十五日便被称作上元节，七月十五被称作中元节，十月十五被称作下元节。因为天官喜欢热闹，所以在上元节时要燃灯庆贺。

唐代赏灯活动

三、元宵节的传承与发展

除了燃灯、赏灯习俗，元宵节的风俗与活动，也随着历史的发展而不断地传承与扩展。

在隋唐时期，元宵节的庆祝活动鼎盛一时。《隋书·音乐志》中记载：“每当正月，万国来朝，留至十五日于端门外建国门内，绵亘八里，列戏为戏场。”歌舞者达到数万人之多，从黄昏至天明，直至正月的最后一天才结束。白天为市，市井中热闹非凡，到了夜间，举城燃灯，灯火辉煌，蔚为壮观，使得元宵节成为了春节之后民间娱乐活动的巅峰。到了大唐盛世，元宵赏灯习俗开始十分盛行，不论是在京城还是乡间，每逢元宵佳节，到处都是张灯挂彩，一片繁华景象。

宋朝的时候，元宵节的喜庆热闹被渲染得登峰造极，除了赏灯猜谜，还发展成为了全民的狂欢节。元宵节除了有“妇女出游街巷，自夜达旦，男女混淆”的狂欢活动之外，还有朝廷的官员派发元宵利是①，君王与百姓共赏元宵花灯等等。辛弃疾有诗写道，“东风夜放花千树，更吹落，星如雨”，“花千树”说的就是元宵节花灯无数，“星如雨”说的是夜晚满天的烟花象星雨一样，可见当时元宵节一片节日狂欢的景象。从宋朝开始，还时兴起了猜灯谜的游戏，人们将各种各样的灯谜写在纸条上面，挂在花灯上，猜中的人可以得到一些奖励。这种猜谜游戏得到了人们的喜爱，开始广为流传。

宋·朱玉 《灯戏图卷》

同时，宋代的元宵节还扮演起了“情人节”的角色。“众里寻他千百度，蓦然回首，那人却在，灯火阑珊处”，辛弃疾的《青玉案·元夕》，不仅道出了元宵的燃灯、赏灯习俗，还生动地描绘出了青年男女的约会场景，这与欧阳修的“月上柳梢头，人约黄昏后”不谋而合，都描述了元宵之夜情人相见的情境。

① “利是”又称“利事”，取其大吉大利、好运连连之意。用一大张红纸裁成小方块，然后把铜钱包在红纸里，封成利是。

每年的元宵灯节，都是男女青年与情人相会的时机，可谓是光明正大的“相亲会”。年轻的男女借着赏花灯、猜灯谜的机会来寻找自己的爱情，元宵节变成了一个浪漫的节日。

明朝时，元宵节假期得以延长，于是便有了史上最长的灯节。开国皇帝朱元璋为了彰显当朝的繁荣盛世，从建国初便规定，要隆重庆祝元宵佳节，将元宵节假期从以前的一至三日延长到了十天。从正月初八开始点灯，直到正月十七的夜晚才落灯，整整持续十天的时间。除此之外，朱元璋格外地重视元宵燃灯仪式。据说，有一年元宵节恰好狂风大作，雨雪纷飞，一直过了中午才开始变晴。朱元璋看见天气变好了，便马上带着他亲近的大臣们去到秦淮河边燃放水灯，总共放了数万只灯。

《乾隆元宵行乐图》（局部）

到了清朝，元宵庆祝活动变得更加多元化。满族入主中原，宫廷里不再举办灯会，但是在民间，灯会依然非常壮观。清朝的元宵节虽然只有三天，但是市井中灯火璀璨，十分热闹。而且除了赏月、燃灯、放焰火、猜灯谜、吃元宵、拉兔子灯等一些传统的习俗外，又增加了舞龙灯、耍狮子、扭秧歌、打太平鼓等等一些传统的民俗表演。自此，元宵节的活动传承至今。

随着时代的变迁，元宵节的习俗较最初早已有了很大的变化，但至今，它仍是中国民间的传统节日。它象征着新年生产和生活的开始，正所谓有句话说：“吃了元宵酒，样样都做起”，过完了元宵节，年才算是真正过完了。

第二节　细听传说，追元宵之情怀

我们都知道，元宵节是中国的传统节日，而且长久以来，它被无数的文人墨客吟诵，被天下的百姓所喜好，但是，关于元宵节的一些民间传说，大家知道多少呢？

明朝《上元灯彩图》

一、东方朔与元宵姑娘的传说

相传在西汉时期，汉武帝刘彻有个宠臣，名叫东方朔。这个人不仅善良还很幽默风趣。有一年冬天，接连下了几天几夜的大雪，这天，东方朔到御花园去给汉武帝采几枝梅花。他刚走进园门，就发现有一个宫女满脸泪痕，正准备要投井。东方朔慌忙地跑上前去搭救，并问她为何要自杀。原来，宫女名叫元宵，家里面还有父母亲和妹妹。可是自从她进入宫中以来，就再也不能见到家人了。每当腊尽春来的时候，就格外地思念家人，每日以泪洗面，夜不能寐。她觉得自己不能孝敬双亲，还不如一死了之。东方朔听了元宵的哭诉，对她深表同情，于是向她保证，一定想方设法让她和家里人团聚。

有一天，东方朔出了宫，在大街上摆了一个占卜的摊子。有许多人来向他占卜求卦。没想到，每个人求到的卦上都写着“正月十六火焚身”的签语。一时之间，在长安街上引起了很大的恐慌。人们纷纷向东方朔追问免灾的办法。于是，东方朔对他们说：“在正月十三日的傍晚，火神君会派一位奉旨烧长安的使者下凡，我把抄录的偈语给你们，你们可以拿去让当今的天子想想办法。”说完，就扔下了一张红字帖，扬长而去。老百姓拿起红字帖，急忙送到皇宫禀报了皇上。

汉武帝接过红字帖一看，只见上面写着，“长安在劫，火焚帝阙，十五天火，焰红宵夜。”武帝大惊，赶忙命人请来了足智多谋的东方朔。东方朔拿着红字帖假装想了想，就说：“听说火神君最爱吃汤圆，宫中有个叫元宵的宫女不是经常给你做汤圆吃吗？等到正月十五的晚上，可以让元宵做好汤圆，万岁焚香上供，并传令京城家家户户都要做汤圆，一起供奉火神君。再传旨所有臣民在十五的晚上挂灯，满城放鞭炮、烟火，就好像满城着了大火一样，这样就可以隐瞒过玉帝了。另外，下旨通知城外的百姓，正月十五的晚上都进城来观灯，混在人群中消灾避难。”汉武帝听后，非常高兴，就按照东方朔的办法传旨下去。

到了正月十五日夜晚，长安城里张灯结彩，街上游人熙来攘往，十分热闹。宫女元宵的父母也带着她的妹妹进城来观灯了。他们看见写着“元宵”字样的宫灯时，惊喜地高喊：“元宵！元宵！”元宵听到了家人的呼喊声，终于和亲人们团聚了。

整个长安城热热闹闹了一夜，果然平安无事。汉武帝非常欢喜，就命令百姓以后每到正月十五都要做汤圆供奉火神君，正月十五夜晚全城挂灯放烟花。而元宵姑娘做的汤圆是最好的，后来她还将宫中的汤圆传到了民间，于是人们就把汤圆叫元宵，这一天便叫做元宵节。

二、正月十五点彩灯的传说

传说在古代，民间到处都是凶禽猛兽，这些凶禽猛兽经常跑出来伤害人和动物，人们不堪其扰。于是大家就组织起来，围捕这些猛兽。在围捕的过程中，正好有一只天上的神鸟因为迷路降落到了人间，却被毫不知情的人们当成猛兽用箭给射死了。

天上的玉皇大帝知道这件事情后，十分生气，他决定要惩罚人类。于是立刻传旨，命令天兵天将在正月十五日到人间去放火，将人间所有的一切都统统地毁灭掉。玉皇大帝有个女儿很善良，她听说了这件事情，不忍心看到百姓们无辜地受难，于是她背着玉皇大帝，冒着生命危险偷偷来到了人间。她把这个消息告诉百姓们，大家听到这个消息，犹如五雷轰顶，一个个都被吓得不知所措。大家慌乱了很久，才有一位老者想出了办法，老者说：“正月十五、十六、十七日这三天，咱们每家每户都在家里张灯结彩、点燃爆

人间是一片灯的“火海”

竹、燃放烟花。玉皇大帝在天上看见人间一片火海，他一定以为是人们都被火烧死了。”

大家听说之后纷纷点头称赞。于是，正月十五日晚上开始，人们便张灯结彩，到处都是一片火光，鞭炮声震耳不绝，灯火和烟花彻夜不息，通宵达旦。玉皇大帝往下一看，人间一片火光，响声震天，接连三个夜晚都是这样，他便以为人间已经是一片火海了。百姓因此保住了自己的性命。人们为了庆祝这次逃过劫难，从此，每年到正月十五的时候，家家户户都要悬挂灯笼，燃放爆竹。

三、袁世凯与元宵的传说

据传，在民国初年，袁世凯篡夺了辛亥革命成果当上大总统之后，开始极力推行君主立宪制，一心想要复辟登基当上皇帝。他公然宣布复辟帝制，并改国号“洪宪”。但是，他又怕各界人士和全国人民反对，每天茶不思饭不想，终日提心吊胆。

有一年的正月十五，袁世凯去一家名为“厚德福”的饭庄吃饭，这天，厚德福所在的大街上正在热卖元宵，卖元宵的人大声地拉长音喊“卖——元——宵——啦。”吆喝声一阵阵地传到袁世凯的耳朵里，袁世凯这人是一个老迷信，他觉得“元宵”这两个字同“袁消”谐音，这不是公然地表示他袁世凯要被消灭掉吗？再联想到当前各地此起彼伏的反袁活动，他十分恼火，开始坐立不安，感觉自己的命数都变得岌岌可危。

于是，袁世凯下令，从1913年元宵节开始，禁止将汤圆称作“元宵”，只能叫“汤圆”或者“粉果”。虽然他这么避讳，但是“元宵”的称呼并没有随他的意愿而取消，仍然在民间流传不衰。不久之后，袁世凯一命呜呼，自己彻底“袁消”了。后来，有人还根据这件事情写了一首打油诗：“诗吟圆子溯前朝，蒸化煮时水上漂。洪宪当年传禁令，沿街不许喊元宵。”

这些有趣的元宵节传说，伴随着人类文明的历程流传至今，寄托着人们对社会安定、美好生活的向往与期盼，让我们感受到了自古以来劳动人民的无穷智慧与丰富的想象力。

第三节　明晓习俗，探元宵之内涵

元宵节是中国的传统节日，在这一天，全国各地的人们都会以各种方式隆重地庆祝，元宵节不仅有着一些传统的风俗，比如吃元宵、赏花灯、猜灯谜等，而且各地还有属于各地特色的元宵节习俗。每到元宵佳节，全国各地的庆祝活动百花齐放、精彩纷呈。

一、吃元宵

从小，我们就知道，每年正月十五的时候家家户户都要吃元宵。元宵是元宵节的特色食品。作为一种节日食品，它在中国由来已久。在宋代的时候，民间就开始时兴在元宵节吃一种叫做“浮元子”的食品，一些做生意的人还将它叫做“元宝”，后来被人们叫做“元宵”或者“汤圆”。宋代诗人姜白石有诗《咏元宵》：“贵客钩帘看御街，市中珍品一时来。帘前花架无路行，不得金钱不得回。”可见，那时候的“元宵”还是珍贵之物，不是寻常百姓家可以食用的。

元宵是用糯米粉将各种馅料包裹成圆形，不同的馅料口感不同，风味各异。但是，吃元宵所代表的含意却是相同的。圆圆滚滚的元宵，代表着团团圆圆，和和美美，象征着合家团圆，也代表着日子会越过越红火，这些对于一个家庭来说有着十分重要的意义。吃元宵意味着在新的一年里家庭和睦，团圆幸福，寄托了人们对未来生活的美好愿望。因此，每到元宵节的时候，家家户户都会全家团圆，聚在一起热热闹闹地吃元宵。

二、赏花灯

汉明帝为了弘扬佛法，命令正月十五夜晚在皇宫和寺庙点灯敬佛，后来，元宵节点灯的习俗就从宫廷流传到民间。每年正月十五，无论宫里还是民间都要挂灯，通宵的灯火，热闹喜庆。元宵点灯的习俗，在唐代达到了前所未有的鼎盛，元宵灯节举办得越来越隆重。在唐玄宗时期，适逢开元盛世，经济富庶，长安城的灯节规模更是盛极一时，规模十分浩大。正月十五日夜晚，全城燃灯五万多盏。长安城内万头攒动，赏灯者众。上至文武百官，下至平民百姓，在这一天，无不出游赏灯。

灯的品种花样更是繁多，宫灯、龙灯、礼花灯、花蓝灯、纱灯、龙凤灯、棱角灯等等，采用多种工艺、多种技法、多种装饰、多种材质制作，令人眼花缭乱，目不暇接。其中，宫灯一般都是皇宫和官府制作使用，所以称为宫灯。宫灯的制作过程很是复杂，主要是用红木、紫檀、雕竹、镂铜等作为骨架，然后镶上纱布纱绢、或者用牛角片罩住，灯的四角用五彩绒或珠玉来装饰。灯罩面上彩绘了山水、人物、花鸟、鱼虫等，象征着吉祥喜庆。上品的宫灯还会镶嵌翠玉或者白玉，更是显得富贵华丽。宫灯的形状也是多式多样，有四方宫灯、六方宫灯、八角宫灯、花篮宫灯、双鱼宫灯、葫芦宫灯等等众多品种。皇帝还命人做了巨型的灯楼，灯楼高150尺，横向达20间。金光璀璨，让人叹为观止。

赏玩各式花灯

据记载，明朝万历年间，有占卜星官启奏皇上说："天上白猿星将于上元之夜下凡转世，位在偏南方向。"名宦傅夏器听说之后，便与族亲商议，利用上元灯会的盛况来吸引白猿星。到了上元之夜，皇宫中宫灯百盏，形状不一，精巧异常。傅氏宗祠厅中花灯四簇，以宫灯为主，并用红白莲花环绕其周围。宗祠外，沿街的屋檐下都挂着百花灯、绣球灯、宝塔灯、斗灯、走马灯、公鸡灯、如意灯、双龙抢珠灯、鲤鱼吐珠灯、仙女荷花灯、龙虾灯、白兔灯、龙凤呈祥灯、嫦娥奔月灯、年年有余灯……应有尽有，各类花灯争相竞秀，千姿百态，五彩缤纷，让人目不暇接。自唐朝之后，花灯就成为了元宵节的重要标志。即便到现在，元宵节赏花灯也是广为流传的习俗活动。

清 · 猜灯谜

三、猜灯谜

"猜灯谜"又称为"打灯谜"，是人们在元宵赏灯夜游时最热衷的活动。猜灯谜的活动最早出现在宋朝，农历正月十五的晚上，当时的首都临安城里面，有爱热闹的人为了增加气氛，将谜面写在了纸条上，并贴在五彩缤纷的灯笼上让游人来猜，如果有游人猜出了谜语，就可将纸条从灯笼上取下，然后去找灯笼的主人核实答案。答案正确的话，就可以领取到一份小小礼品。没想到此举引发了各阶层人士的浓厚兴致，大家都觉得这个活动极富情趣和智慧。自此，元宵节制谜、猜谜的人越来越多，很快就流传开来。

元宵猜灯谜的活动早在元代《武林旧事》中就有记载："有以绢灯剪写诗句，时寓讥笑，多画人物，藏头隐语……戏弄行人。"明清时期，在元宵之夜张灯悬谜，盛况空前。猜灯谜成为人们游玩时必不可少的一项活动。谜面内容随意，包罗万象，可以出自诗文、经传、诸子百家、传奇小说及谚语、花草鱼虫、蔬菜草药等等。清代小说《红楼梦》第二十二回，贾府上下一起过元宵，猜灯谜，热闹非凡。其中，许多灯谜，都暗示了书中人物未来的命运和结局。如贾元春作的灯谜：能使妖魔胆尽摧，身如束帛气如雷。一声震得人方恐，回首相看已化灰。——打一物。这个灯谜的谜底是“爆竹”。整个灯谜是对贾元春入宫后得宠和短寿的形象写照。灯谜前二句比喻元春入宫为妃后身价百倍，家族声势显赫，贾家成为皇亲国戚，贾家的政敌们纷纷“胆尽摧”。后面二句则暗示了元春如昙花一现，所有的荣华富贵顷刻间崩踏瓦解，贾府的繁盛就此没落。

由此可见，无论是花灯还是灯谜制作，在那个时代已经有了非常高的艺术水准。到如今，元宵灯谜越来越丰富多样，深受人们喜爱。

四、舞狮子与耍龙灯

舞狮子的习俗起源于三国时期，在南北朝时开始流行起来，至今已有一千多年的历史。“舞狮子”也称“狮子舞”，它是中国最优秀的民间艺术之一。每逢元宵佳节或者是一些隆重的集会庆典，民间都会以狮舞助兴。狮舞一般是由两个人合作表演，其中一人当狮头，一人当狮尾，舞狮者在锣鼓的敲击下，随节奏做出狮子的各种形态和动作，整个表演非常富有阳刚之气。

舞狮子

“耍龙灯”也称“舞龙灯”或“龙舞”。中华民族崇尚龙，一直以来都把龙当作是吉祥的象征。耍龙灯正是源于人们对龙的这种信仰。在古代，人们会用舞龙的方式来祈祷龙的保佑，以求可以风调雨顺，五谷丰登。据传，早在黄帝时期，在一场大型歌舞《清角》中，就曾经出现过龙头鸟身的形象，后来又编排了有六条蛟龙穿插表演的舞蹈动作。近些年来，舞狮子、耍龙灯的习俗在海外华人那里也得到了发扬和光大。每到传统节日和一些重大的庆典活动，人们就会热热闹闹地舞起狮子，耍起龙灯，向世界展示无穷的东方魅力。

清 · 高跷

五、踩高跷

高跷是中国古代的百戏之一，它早在春秋时期就已经出现。最初人们是为了采摘树上的野果，他们将两根长棍绑在自己的左右腿上，顺利地采到了果实。后来，它发展成一种踩高跷的活动。再后来，踩高跷成为了民间盛行的一种技艺性表演。人们在传统节日或一些民俗表演中，经常可以看到舞蹈者脚上绑着两根长木跷在广场上进行表演。踩高跷的技艺性较强，形式也活泼多样，因此一直深受人们的喜爱。

除了这些广为流传的传统习俗，在中国很多地方，还有一些具有地域特色的元宵风俗活动。

六、送灯与穿灯脚

元宵节时给新出嫁的女儿“送灯”，是旧时福建广为流行的习俗。虽然不同地方送的灯样式各有不同，但是目的都一样，就是为了求子。在闽南一些地方，如漳浦沿海地区，流传着的一种“穿灯脚”的民间传统习俗。每年元宵节的时候，新过门的女子，会穿红着绿，手上拿着系了红纸的甘蔗，在婆婆的陪同下，从祠堂中的“灯棚”下面走过去，以祈福求子。“穿灯脚”已有上千年的历史，带有浓郁的地方特色。这一习俗如今已成为漳州市级非物质文化遗产保护项目。

七、玩龙灯和灿灯

在湖北省孝感市有个杨店镇，该镇被称为“龙灯之乡”。杨店龙灯，是湖北省第三批非物质文化遗产。从腊月开始，人们就着手用竹篾编扎龙头、龙身、龙尾骨架，用彩纸装饰龙头，并连接龙头、龙身、龙尾，形成一条完整的彩龙灯。彩龙灯共有 12 节，象征着一年 12 个月份。正月十二日晚上，全镇举行彩龙灯的开光仪式，正月十三日开始游行、上大庙，每条彩龙灯都会穿行杨店镇狭窄的老街道，街道两边的人家，家家户户门前摆上香案，迎接彩龙。正月十四日拜灯，每条彩龙灯会在村湾中叩拜群众，以示吉祥。正月十五日玩龙灯，百姓们跟随着龙灯游到各自的村湾里，到了晚上十二点，全湾男女老少汇集在一起，伴随着锣鼓声、鞭炮声，将龙灯烧掉，这就是灿灯，表示送龙灯升天，祈福新的一年好运。

八、放天灯与伴灯馍

每年正月十五元宵节期间，除了大闹花灯以外，在延安还流传着“放天灯”的习俗。这种习俗由来已久，据史料记载，在唐代时期就有了这样的活动。男女老少会在天灯上亲手写下自己的心愿，放飞天灯以祈求幸福平安。“伴灯馍”则在陕西铜川一带比较流行。每年正月十五日，各家各户都会鸣放鞭炮，在自

己的房屋里设香案、点烛、焚香，屋内四处点灯，并且在灯旁摆放花馍，俗称“伴灯馍”。

九、添丁与偷葱菜

灯在台湾民间有光明和添丁的含义。台语的“灯”与“丁”谐音，有添丁生男孩的寓意，点燃灯火表示照亮前程。因此在元宵节的时候，妇女们都会刻意去灯下游走，希望可以“钻灯脚生卵葩”，意思就是钻到灯下，好生男孩。除此之外，台湾还有偷葱菜的习俗，台湾民间有句话说，“偷挽葱，嫁好尪”、“偷挽菜，嫁好婿”，那些希望自己将来可以婚姻幸福美满的女孩，就会在元宵之夜去菜园里偷摘葱和菜，以求能遇到一位好丈夫。

一直以来，元宵节不仅是中国内地的传统节日，也是台湾同胞、海外华人和汉字文化圈的传统节日之一。这些优秀的文化传统，将所有中华儿女的心紧紧地凝聚在一起，也让每一位中华儿女为中华民族灿烂文化感到骄傲和自豪。

第四节　美食美诗，品元宵之英华

从远古时期开始，中国各民族就都喜欢把节日与美食结合在一起。不同的节日中，不仅有风格各异的习俗活动，还有品类繁多的节日食品相伴。端午吃粽子，中秋食月饼，重阳品糕等等，元宵佳节的丰盛美食也令人十分神往。

一、元宵美食

“桂花香馅裹胡桃，江米如珠井水淘。见说马家滴粉好，试灯风里卖元宵。”清朝诗人符曾的一首《上元竹枝词》生动形象地描绘了元宵佳节时人们制作和叫卖元宵的习俗。香气扑鼻的桂花馅中包裹着胡桃仁，在清凉的井水中淘洗如珍珠一般的江米，听说马家的滴粉元宵做得很好，趁着试灯的光亮在风中叫卖元宵。

（一）汤圆和元宵

元宵节里，南方流行吃汤圆，北方则流行吃元宵。元宵和汤圆在原料、外形上差别不大，区别在于工艺制作。做汤圆相对要简单一些，先将糯米粉用水调和成面团，然后将馅料用面团“包”好即可。而元宵在制作上就要繁琐得多：首先调好馅料并切成小块，将切成小块的馅料浸水后扔进盛满糯米干粉的笸箩内不停翻滚，如此蘸水，滚粉，大概 5 次左右，馅料上便沾满了糯米面，呈现出圆球形状。此时即大功告成。汤圆和元宵虽然做法不同，但都是为了祈求全家团团圆圆。

汤圆

（二）元宵茶

在陕西等地，过元宵节时有吃元宵茶的习俗，元宵茶类似古时的“元宵粥”。据文字记载，在宋代之前还没有元宵，那时候，人们过元宵节吃的是米粥或豆粥。到了唐代，有“正月十五日，作膏粥以祠门户”的说法，这种“膏粥”也被人称为“元宵粥”。

元宵茶是在热面汤中放入各种蔬菜和水果，这种茶增加了纤维素、维生素和矿物质的成份，并且不像元宵那么油腻，也使得人们在元宵节时的营养汲取更加全面。

（三）油茶

喝油茶

在一些山区，元宵节有“十五打油茶，十六捏扁食”的说法。打油茶是在锅中用筷子不停搅和茶面并洒上一些调味料做成油茶，也被称做面茶。

先将花椒和盐放入锅内，微火干焙出香味，取出后用擀面杖擀碎，同时将熟芝麻也用擀面杖擀碎，加入擀完的花椒盐粉与姜粉一起混合均匀。然后将小米面加水调和成稀糊糊，用锅将水烧开，然后倒入小米面糊，等煮沸后转成小火熬煮，期间需要不断地搅拌防止糊锅。煮到自己喜欢的浓稠度后关火，盛入碗中，最后在面糊表面先倒上一层芝麻酱，再撒上拌好的芝麻椒盐姜粉即可。

（四）枣糕

在中国豫西一带，人们过元宵节喜欢吃枣糕。枣糕是“满汉全席”十大糕点之一。在清朝，枣糕是宫廷御用的糕点，曾经还有宫廷第一糕点的美称，后来才逐渐流传到民间，成为民间的过节食品。在元宵节吃枣糕有吉祥如意的寓意。

制作枣糕是在自发粉中加入小米面和适量食用碱，红糖用玫瑰水溶化后加入自发粉中，调和成稀糊状，然后将模具放入蒸笼内，倒入一半调好的面糊并刮平，铺上去核的小枣，再将剩下的面糊都倒上，最后在面糊上面放上蜜枣，用大火蒸上20分钟即可。

（五）糟羹

糟羹又被叫做山粉糊，是浙江台州一带的传统小吃。糟羹是以米粉、薯粉或者藕粉为主料调制而成，分为咸、甜两种。每年正月十四夜晚看过花灯之后，人们便会回家食用咸的糟羹，它是用肉丝、木耳、香菇、鲜蛏、冬笋丝、川豆豉、豆干、菠菜、油泡等炒熟后，再加入米粉煮成带咸味的糊状食物。到了正月十五，人们则会食用甜味的糟羹，它是用米粉、薯粉或者藕粉配上甜枣、桂圆、葡萄干、莲子等做成。寓意生活先咸后甜，日子越过越甜美。

二、元宵美诗

古往今来，数不清的文人墨客对元宵节毫不惜墨，分外地眷恋和青睐。那些诗词中欲语还休的绝美意象，不仅惊艳了时光，也惊叹了我们的心灵。跟随着这些绝美诗词，我们仿佛也能感受到古人元宵节时的热闹与浪漫，心情也变得诗意起来。

青玉案·元夕

［宋］辛弃疾

东风夜放花千树，更吹落，星如雨。宝马雕车香满路。凤箫声动，玉壶光转，一夜鱼龙舞。　蛾儿雪柳黄金缕，笑语盈盈暗香去。众里寻他千百度。蓦然回首，那人却在，灯火阑珊处。

古代写元宵灯节的词，不计其数，而辛弃疾的这一首《青玉案》，却是可以称作杰作了。词的开头“东风夜放花千树”，极力渲染了元宵夜晚的热闹景象，满城灯火，游人如云，通宵达旦尽情地狂欢。然而作者的意图却并不在写景，而是为了反衬下阕，在人群之中寻找她千百回，忽然回头间，却在灯火零落暗淡之处发现了她。那个不慕荣华、甘守寂寞，“灯火阑珊处”与众不同的人，娴静高雅，孤芳自赏，与周围的热闹繁华景象形成对比。

有一种说法，那个站在灯火阑珊处的人，是辛弃疾对他自己的写照。从历史背景来看，当时的他不受重用，满腹文韬武略无法施展出来，心中无比惆怅，所以只能像是站在热闹之外的那个人一样，呈现出即便是受冷落也不肯与世俗同流合污的高士之风。整篇词主要是运用了反衬写法，表达出作者追求理想的艰辛与执着。

生查子·元夕

［宋］欧阳修

去年元夜时，花市灯如昼。
月上柳梢头，人约黄昏后。
今年元夜时，月与灯依旧。
不见去年人，泪湿春衫袖。

这是一首相思词，写出了去年和情人相会的甜蜜与今日不见情人的痛苦。“去年元夜时”，灯火辉煌像白昼一样明亮。“月上柳梢头，人约黄昏后”这二句，情与景交融，描绘出男女间两情依依，柔情蜜意的景象。上阕充满了希望与幸福，可见那时是何等地欢乐愉悦。无论是花市花灯，还是明月杨柳，都成为了彼此间爱的见证，仿佛能让人看到未来幸福的画面。词中情与景的交融，表现出一种唯美的意境。下阕写“今年元夜时”的情景。“月与灯依旧”，重临故地，佳节良宵景物依旧，与去年一样热闹。下一句“不见去年人，泪湿春衫袖”，伊人已不见，一个“湿”字，更是将物是人非，旧情已难续的沉重与感伤表现得淋漓尽致。此首词既写出了当日相恋之时的甜蜜，又写出了今日佳人不见的忧伤。用去年和今年相对比的手法，形成了哀乐迥异的鲜明对比。

元 宵

［明］唐寅

有灯无月不娱人，有月无灯不算春。
春到人间人似玉，灯烧月下月如银。
满街珠翠游村女，沸地笙歌赛社神。
不展芳尊开口笑，如何消得此良辰。

大多数的元宵诗，基本都是描写城中过元宵佳节的景象，但唐寅的这首《元宵》却取材于农村，全诗意境优美。如果只有璀灿的灯光，没有皎洁的月光，不能让人尽兴，如果只有皎洁的月光，没有璀灿的灯光，不能算春天。春天轻盈地来到了人间，美人如花似玉一般，灯光与月光辉映下的乡村是美的，灯光与月光映照下的村女更加美丽。如果不放开心情开怀大笑， 如何对得起这般的良辰吉日呢？

正月十五夜灯

［唐］张祜

千门开锁万灯明，正月中旬动帝京。
三百内人连袖舞，一进天上著词声。

这首诗描写出了元宵佳节的热闹与喜庆，家家户户都出门去赏灯游玩，大家尽情而来，尽兴方归。数百人载歌载舞，场面热闹盛大，街中游人众多，那歌舞乐声直冲云宵。这样繁华热闹的情景，使得元宵之夜的灯节成为了最有诗意，最让人流连忘返的时刻。

元宵月正圆

闽南歌谣

闹元宵，月正圆，闽台同胞心相依，

扶老携幼返故里，了却两岸长相思。

热泪盈眶啥滋味？久别重逢分外喜！

闹元宵，煮汤圆，骨肉团聚满心喜，

男女老幼围桌边，一家同吃上元丸。

摇篮血迹难割离，叶落归根是正理。

这首闽南歌谣，流行于闽南、台湾和东南亚华侨华裔的居住地。歌谣唱出了在元宵佳节，亲人同胞重逢之时，团圆在一起过元宵激动欣喜的心情。“摇篮血迹难割离，叶落归根是正理”，表达了两岸同胞之间难以割离的血脉之情与期盼回归祖国怀抱的迫切心情。

第四章

清明节

“清明前后，点瓜种豆”“植树造林，莫过清明”。这些谚语道出了清明时节所对应的农事活动。清明节在仲春与暮春之交，此时中国绝大部分地区气象清新，气温回升，降雨增多，草木返青，正是人们春耕播种的大好时节，也是出门踏青的好时光。

第一节　初识清明，寻清明之渊源

清明节，又称踏青节、行清节、三月节、祭祖节等，节期在仲春与暮春之交。清明节脱胎于清明节气，起源于上古先民信仰与春祭礼俗。随着时间的迁移，又吸收了与其时间相近的其它节日习俗。

一、清明节日脱胎于清明节气

清明，是二十四节气之一。二十四节气，是中国古代天文学家和民众在日常生活和生产实践中总结出来的气候规律，比较适宜地反映了一年四季气温、物候、降雨等方面的变化，对人们依时安排农事、蚕桑等活动有不可或缺的指导意义。

《逸周书》记载："清明之日，桐始华。"意思是到了清明这天，桐树就逐渐开花了。这应该是清明作为二十四节气之一最早的记载了。《岁时百问》中"万物生长此时，皆清洁而明净，故谓之清明"。古人认为这个时候春回大地，天清气明，所以把此时的节气称为清明。可见，清明的名称与此时的天气物候特点有关。

宋·张择端《清明上河图》（局部）

清明既属于节气，又属于节日，在二十四节气中，既是节气又是节日的只有清明。清明节源自上古时代的祖先信仰与清明节气春祭礼俗。在唐代之前，清明只是一个标记天气物候的节气，不是节日。到了唐代，清明节祭祖扫墓、缅怀祖先的优良传统更加得以发扬

光大。由于官员回乡扫墓，常有耽搁事务的情况发生，朝廷就颁布政令来解决此问题。朝廷规定清明放假四天，后改为五天，甚至再后来放假天数达到了七天，清明也由节气逐渐演变为节日。

清明作为节日，与纯粹的节气又有所不同，节气是物候变化、时令顺序的标志，而节日则蕴含着精神信仰和节俗礼仪等内涵，是民间寄放情感和调剂心情的传统日子。

二、清明节吸收了寒食节

《荆楚岁时记》记载：“去冬节一百五日，即有疾风甚雨，谓之寒食。禁火三日，造饧大麦粥。”寒食节是冬至过后的第一百零五天，禁火三日后，即寒食节的第三天就是清明节。由此可知，清明节与寒食节的关系。

寒食节起源于远古时期先民们对火的崇拜。人们的生活离不开火，但火却往往给人类带来灾害，因此人们对火一直存有敬畏之心。古人认为火是神灵的化身，所以要祭火。各户人家祭祀用的火每年都要止熄一次，然后再重新燃起新火，俗称改火。因此，改火与换取新火对于古人来说是生活中的非常重要的仪式，寒食和清明就与这个改火仪式有关。寒食节要禁火，就要停止使用旧火；到了清明，又要重新钻燧取火，改用新火。在禁火和改火期间，全国上下都不能用火。期间，人们只能靠吃事先储备的冷食度日，这就是寒食，禁火的这段时间也叫寒食节。关于禁火与改火之间的时间间隔，起初寒食节禁火一个月，由于人们吃一个月冷食身体吃不消，后来就改成了七天，最后又改成了两天、一天。

唐朝王冷然的《寒食篇》中说：“秋贵重阳冬贵蜡，不如寒食在春前。”唐朝时寒食节仍然是一个较大的节日，但已开始式微。朝廷鉴于民间寒食、清明并举已相沿成习，就以官方文书的形式正式规定：清明到来时，可以与寒食节一起休假。诗人的作品中，也往往是寒食、清明并提。如唐代诗人韦庄的“寒食花开千树雪，清明火出万家烟”。韦应物亦有诗云：“清明寒食好，春园百卉开。”白居易也有诗句：“乌啼鹊噪昏乔木，清明寒食谁家哭。”《中国传统文化大观》中记载：“大致到了唐代，寒食节与清明节合而为一。”即清明节吸收了寒食节。

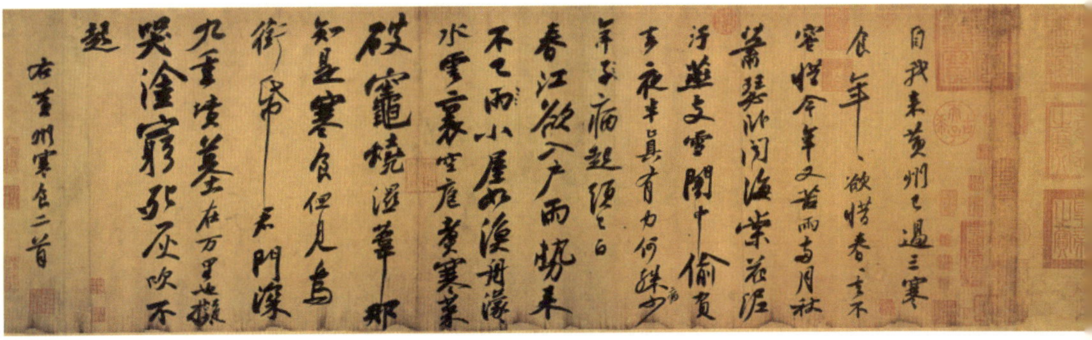

宋 · 苏轼《寒食帖》

三、清明节吸收了上巳节

清明节后来还吸收了另外一个较早出现的节日——上巳节的内容。

上巳节古时在农历三月初三举行，主要风俗是踏青、祓禊。祓禊即临河洗浴，源于古代“除恶之祭”。人们每年春季上巳日在水边举行祭礼，洗濯去垢，以祈福消灾。晋代陆机有诗云：“迟迟暮春日，天气柔且嘉。元吉隆初巳，濯秽游黄河。”这首诗反映的便是当时人们在上巳节踏青、祓禊以祈福消灾的生活场景。

踏青（宋·《春游晚归图》）

约从唐代开始，人们在清明扫墓的同时，也会进行踏青游乐活动。由于清明祭祖都要到郊外去，人们在哀悼祖先之余，踏足青青原野，享受春意盎然的自然之美，是一种使人们节哀自重、身心得以放松的极好方式，因此，清明节也被人们称作踏青节。诗人王维诗句有“少年分日作遨游，不用清明兼上巳”，清新灵动的少年，常常不满足于踏青游乐仅仅在清明、上巳两个节日才出去游玩。到了宋代，上巳节在北方因与清明日期相近其节俗逐渐融入了清明节。

四、清明节的后续发展

清明节吸纳了两个古老节日——上巳节和寒食节的精华，最终在宋元时期发展成为一个以祭祖扫墓为中心，将寒食风俗与上巳踏青等活动相融合的传统节日。

明清时期沿袭旧制，清明节依然是人们在春季生活中一个不可或缺的重要的节日。

民国时期，政府把清明节作为法定假日。除了原有的扫墓、踏青等习俗，植树也被确定为清明节的节俗内容。受汉族文化的影响，中国的满族、赫哲族、壮族、鄂伦春族、侗族、土家族、苗族、瑶族、黎族、水族、京族、羌族等24个少数民族，也都有过清明节的习俗。其内容主要围绕扫墓祭祖缅怀祖先、踏青郊游身心调适这个基本主题。

如今，清明节这个传承两千多年的节日文化依旧源远流长，生生不息。清明节也已纳入了国家级非物质文化遗产名录、成为国家法定节假日。

第二节　细听传说，追清明之情怀

清明是二十四节气之一，也是中国古老的传统节日，还是中国法定节假日。在清明节的演变过程中，加入了不少传说故事。这些传说故事，使得清明节日变得更具文化内涵，更有人文情怀。

一、纪念介子推的传说

清明成为传统节日，并被赋予扫墓祭祀、禁火冷食等内容主要跟寒食节有关。传说，寒食节是晋文公为了纪念介子推而兴起的。

春秋时期，晋献公的宠妃骊姬想让自己的儿子奚齐继位，于是就不择手段设毒计谋害太子申生。由于骊姬的陷害，申生被迫自杀，其弟重耳闻讯后为了躲避灾祸流亡出走。在流亡途中，重耳颠沛流离、历尽磨难、受尽屈辱。起初追随他一起出逃的大臣们，大部分人由于看不到希望陆续另谋出路去了。最后，只剩寥寥几个非常忠诚的大臣，与重耳同甘共苦，不离不弃，介子推就是其中之一。

在流亡途中，有一个侍从偷走了所有干粮和盘缠并逃入深山，重耳一行人就没有食物了，他们只能靠吃野菜树皮充饥，还必须不停地赶路。公子重耳自幼长在宫中，对于野菜树皮简直难以下咽，以至于身体日渐憔悴，终于有一天病倒了。随臣介子推悄悄地从自己大腿上割下一块肉，煮成肉汤让公子喝。身体虚弱的重耳喝完以后慢慢恢复了精神。后来当他得知真相时，感动得热泪盈眶，感叹介子推的忠义，并许诺日后一定重赏介子推。

十九年后，重耳脱离险境回到自己的国家，并且当上了国君，也就是历史上著名的春秋五霸之一——晋文公。晋文公即位后，对那些当初在流亡期间与他同甘共苦的功臣大加封赏。介子推看到有些大臣邀功争赏的丑态，不屑与他们为伍，就默默地淡出了。就这样，重耳忘记了为他割股献肉的介子推。有伸张正义的臣子为介子推鸣不平，就作诗来讥讽晋文公忘恩负义。这首诗瞬间在市井中流传开来，很快就传到了晋文公耳中。晋文公这才猛然忆起旧事，顿生愧疚，马上派人去请介子推上朝，要为其犒赏和封官。可是，差人去邀请了多次，介子推都一一回绝，晋文公只好亲自上门去拜访。当他来到介子推家门口时，只见大门紧闭。原来，介子推不愿见晋文公，早已收拾行装，带着老母亲到位于山西介休县的绵山隐居。介子推在绵山耕田劳作，与母亲相依为命，过着清贫的日子。

晋文公知道后，就让御林军进入绵山搜寻。可是绵山山高路险，地势险峻，树木茂密，在其中找寻两个人难上加难，御林军最终无功而返。有小人出了一个放火烧山的奸计，从山的三面点火，留下一面，大火燃起时介子推就自己走出来了。于是，晋文公不知是计，就下令放火烧山。可是大火烧了三天三夜，直到熄灭后，还是没有看到介子推走出来。众人上山察看，发现介子推母子俩靠着一棵烧焦的大柳树已经被烧死了。晋文公看着介子推的尸体，非常悲痛，正要

准备装殓安葬时，发现介子推后背堵着一个柳树洞，好象保护洞里什么东西。晋文公从树洞中掏出一片衣襟，上面题有一首血诗：

割肉奉君尽丹心，但愿主公常清明。
柳下作鬼终不见，强似伴君作谏臣。
倘若主公心有我，忆我之时常自省。
臣在九泉心无愧，勤政清明复清明。

晋文公将血书藏入袖中，然后把介子推和他的老母亲分别安葬在那棵烧焦的大柳树下。

为了纪念介子推，晋文公下令把绵山改名为“介山”，并在山上修建祠堂；在介子推忌日禁忌烟火，只能吃寒食，以寒食寄托哀思，并把这一天定为寒食节，晓谕全国。民间百姓赞赏介子推功不言禄、功成身退的高洁，痛恨烧死他的火，所以在这一天都不使用火，以示哀悼。

第二年介子推忌日，晋文公领着群臣，素服徒步登山祭奠。到了坟前，只见那棵老柳树死树复活，重新长出枝叶。晋文公睹物思人，珍爱地掐下了一枝，编了一个圈儿戴在头上，以示怀念之情。祭扫后，念及介之推一生追求政治清明的远大抱负，就封该柳树为清明柳，将寒食节的后一天定为清明节。

此后，晋文公经常把血书带在身边，作为鞭策自己执政的座右铭。他勤政清明，励精图治，把国家治理得井井有条。晋国的百姓对有功不居、不图富贵的介子推非常怀念，每逢他的忌日，人们用禁止烟火的方式来表示纪念，即不生火做饭，只吃冷食。在北方，老百姓只吃事先做好的冷食如枣饼、麦糕等；在南方，则多为青团和糯米糖藕。百姓还以插柳、戴柳的方式来纪念介子推，人们把柳条编成圈儿戴在头上，或把柳枝插在房前屋后，以示怀念。有的地方还用面粉和着枣泥，捏成燕子的模样，用杨柳条串起来，插在门上，召唤他的灵魂，这种花馍叫“寒燕儿”，也有地方称之为“子推燕”。从此以后，寒食、清明成了全国百姓的隆重节日，于是就有了“四海同寒食，千古为一人”的说法。

清明节插柳风俗

二、清明节插柳的传说

唐朝末年，黄巢率众起义，决心杀尽天下坏人。唐广明元年，黄巢领兵来到泗洪县一带，为了不杀错人，他亲自改装私访。他沿着一条乡村小道往前走，忽然发现前面来了一位妇人，背上背着一个六七岁的孩子，手中还牵着一个两三岁的小孩，跌跌撞撞地赶路。黄巢认为这个女人很坏，做事不近情理，抽剑准备杀她。但是转念一想不能过急，先问个明白再说。于是他收起剑说：“你这个妇人太没道理，为何大孩子能走路你反而背着，小孩子不能走路却只拉着呢？”妇人说：“客人有所不知，这大孩子是我丈夫前妻所生，他妈妈已被财主刘半城逼死了，我觉得他可怜，不忍心让他跑路。这小的是我自己所生，所以我拉着他走。”

黄巢听了心想，这个妇人如此贤惠，我险些杀错好人，性急会坏事，我还得再问问。于是他又问妇人：“那你现在慌慌张张到什么地方去？”妇人说：“听说黄巢来了，此人杀人不眨眼，我要到外地躲一躲。”黄巢听了非常气愤，怒吼道：“胡说！我就是黄巢。”那妇人吓得跪在地上连连磕头，大喊：“大王饶命！大王饶命！”黄巢一见如此，又冷静下来解释说：“你快起来，别听坏人造谣，我黄巢杀的都是那些黑心肠的地主老财，你们这些好心肠的穷人，我是不会杀的。告诉我，是谁跟你说我杀人不眨眼的？”妇人说：“是我们东家刘半城。”

黄巢气愤不已，对妇人说：“你赶快带孩子回家过日子，我明天要带兵把刘半城这些坏人都杀光，为

你们报仇。你告诉那些好人家，明天都在屋檐下插上柳树枝做标记，我保证你们平安无事。”妇人听了点点头，带着孩子回家去了。

第二天黄巢领兵前来，一看穷苦百姓家屋檐下都插上了柳枝，只有恶霸地主无人告诉他们插柳之事，结果都成了黄巢起义军的刀下之鬼。黄巢根据那妇人所指的方向，率兵冲进泗州一霸刘半城家，亲手杀了他，并把他家的财产全部分给了当地百姓。泗州百姓奔走相告，感激黄巢为民除害的功德。

因为泗州贫民插柳这天正是清明，所以后来每到清明这天，家家户户都在屋檐下插上柳枝，表明自家是好人，以避杀伐之灾。天长日久，就形成了清明插柳的风俗。

第三节　明晓习俗，探清明之内涵

“清明时节雨纷纷，路上行人欲断魂”，这句人们耳熟能详的古诗描绘了清明时节细雨纷纷的天气和人们祭奠逝去亲人的习俗。清明节是中华民族纪念祖先的传统节日，然而清明除了祭祖扫墓外，还有折柳、踏青、荡秋千、放风筝等等系列民俗体育活动。据说这些活动多是因为清明节要吃寒食禁火，人们为了预防寒食冷餐伤及身体，所以就做些趣味运动，以热身健体。因此，在清明节习俗中既有凝重的祭扫活动，又有愉悦的游玩踏青。

一、祭祖扫墓

清明节这天人们为逝去的亲人扫墓上坟，是礼敬祖先、慎终怀远的一种文化传统。不少海外侨胞、华裔等在清明节也纷纷回乡扫墓，以示不忘先人、不忘故土的爱国之情。

古人对祭祀祖先十分重视。每到清明节扫墓时，人们都要带上酒、食物、果品和纸钱等祭品。民间旧俗，祖墓上的土平时不宜随意乱动，只有在清明祭扫时可以毫无忌讳地进行整修工作。祭扫时，要清除祖坟周围的杂草，使之不再有衰草寒烟、悲风惨冽的凄凉景象。祖墓如果有损坏，也须在清明这天进行修葺。接着就是送纸钱。人们认为，鬼魂的世界和我们的世界一样需要花钱。这样，活着的人就要为逝去的亲人

清明祭祖扫墓

送纸钱，希望祖先在另一个地方过得富裕，也祈求把好运带给整个家族。最常用的送纸钱方法就是把纸钱烧掉。纸钱焚烧后化作缕缕青烟，就能被生活在另一个世界的已逝亲人收到。有的地方习俗把纸钱压在坟头或者撒在沿路，撒纸钱时一边还叫着已故亲人的名字或者称谓，这样已故亲人就能收到钱了。然后将酒、食物等供在亲人墓前，烧香，叩头行礼祭拜，请祖先神灵出来享用，以表达祭祀者对先人的孝敬、关怀和思念之情。

扫墓结束后，扫墓者必折一枝马尾松，带回家插于门上，用以表示这户人家没有忘记祖先，已经扫过墓了。

二、插柳、折柳

传说清明节这一天百鬼出没，人们一边要祭奠祖先的亡灵，一边还要小心翼翼地与他们保持着一定的距离，将他们阻挡在家门之外。柳，便成了人们辟邪的法宝，据说它可以保护人们不受鬼魂的侵扰。可见清明节插柳，目的是辟邪驱鬼。

在佛教中，观音菩萨的形象就是右手拿着杨柳枝，所以人们认为柳枝可以消灾祛病。北魏时期的《齐民要术》里就有“取柳枝著户上，百鬼不入家”的说法。在清明节这个柳条发芽的时节，人们便纷纷把柳枝戴在头上，用以避邪。有的地方，人们把柳条插在屋檐下，用来预报天气，谚语有“柳条青，雨蒙蒙；柳条干，晴了天”的说法。

三、子推燕和面蛇蛇

山西省大部分地区清明节扫墓祭祖时都要携带蒸制的面食供品。

有的地方用面和枣做成花馍“子推馍”，也叫“寒燕儿”，再用柳条把“子推馍”穿起来，插到门上，称作“子推燕”。“子推燕”是用来纪念介子推这位忠臣的，用以教化子孙尽忠守孝、不忘养育之恩。“子推燕”作为清明节必备食品，形态各异，有单头、双头、大燕背小燕等形状，是当地馈赠亲友的必备之物。

面食寒燕儿

晋南地区的“子推馍”中间夹有核桃仁、枣、豆等，外周盘成龙形，龙身中间置一个鸡蛋，叫“子福”。人们往往要蒸一个很大的总“子福”，意为子孙多福全凭祖宗保佑。上坟时，将总“子福”上贡给祖先，扫墓完毕后全家共同分享食用。

晋中、晋北等地清明扫墓时祭供一种盘蛇状的面馍，俗称“面蛇蛇”，当地老人们认为祭过祖的“面蛇蛇”烤干后食用，可以治病。同时，这种“面蛇蛇”家里每人一个，在清明节早上醒来就把属于自己的“面蛇蛇”的蛇头和蛇尾吃掉，这是因为清明时节万物复苏，毒虫也即将结束冬眠，咬掉“面蛇蛇”的头和尾预示着一年不会被毒虫叮咬。

四、吃鸡蛋

民间习俗认为，清明节吃鸡蛋一年都有好身体，全国大部分地方有此习俗。据说这个习俗源于寒食节，因为鸡蛋煮熟后便于存放。古人认为吃鸡蛋可以婚育求子，因为清明已是春暖花开的季节，家里养的鸡下蛋开始多了起来，所以清明吃鸡蛋有促进生育的用意。人们将各种禽蛋如鸡蛋、鸟蛋、鸭蛋等煮熟后涂上各种颜色，俗称“五彩蛋”。清明节这天人们来到河边，把 “五彩蛋”投到河里，蛋会顺流而下，在下游等

画蛋

待的人争相捞取，据说吃了“五彩蛋”便可怀孕。有的地方在清明节鸡蛋和小葱一起吃，据说是取其清白之意，寓意是做人要清清白白。

清明节这天的鸡蛋除了吃，还可以玩。一种是“画蛋”，把蛋画成五颜六色，然后吃掉；还有“刻蛋”，在蛋上刻出各种图案，供人们赏玩；有的地方小孩儿还玩“撞鸡蛋”游戏，孩子们纷纷拿着自己家煮好的鸡蛋相互碰撞，看谁的鸡蛋皮更硬实。把别人的鸡蛋皮撞破了，表明这个小孩儿本年就会长得又高又壮实。

五、踏青

古代踏青图

清明节也叫“踏青节”，一般指初春时到郊外散步游玩。清明踏青的风俗是吸收了三月三上已节的习俗发展而来的。春风和煦，气候回暖，大地重新恢复了绿色。在这踏青时节，人们要结伴野外郊游、登山临水、嬉戏玩耍、尽情欣赏大自然的风光。人们还同时开展各式各样的体育娱乐活动，诸如荡秋千、放风筝等。

六、荡秋千

荡秋千（清·陈枚《月曼清游图》）

荡秋千是借助绳索在空中悠荡的游戏，是中国的传统运动项目，也是中国古代清明节习俗。古代荡秋千活动一般是在清明、寒食节前后，而且仅仅局限于豪门贵族家的红男绿女游戏玩耍。古时的秋千多用树桠枝为支架，再系上彩带做成。后来逐渐发展为用两根绳索加上踏板的秋千。

民俗相传，荡秋千可以驱除百病，而且荡得越高，眼睛会越明亮，生活也会过得越美好。所以在清明时节、春暖花开之际，人们喜欢走到户外荡秋千娱乐。

七、放风筝

放风筝是民间传统游戏之一，也是清明节节日习俗。放风筝是人们清明节户外踏青必不可少的一项活动，在风和日丽的大自然中，人们放飞风筝，跑跑停停的肢体运动可增强体质，缓解因寒食引起的身体不适。风筝品种繁多，结构有硬翅、软翅、伞形、桶形、长串等。民间为了增加放风筝的趣味性还创造了风筝上的装饰物，如有带响的“鹤琴”、“锣鼓”，有适合夜间放飞的发光装置“灯笼”，有散落携带物的“送饭儿的”等，别具一格。南宋时已有放风筝比赛活动，比赛常在清明节期间时进行，两根风筝线绞在一起，以先绞断者为输。传说把风筝放上天空后，便把牵线剪断，风筝就会随风飘摇飞向远方，据说这样能祛病消灾，给自己及家人带来好运。

第四节 美食美诗，品清明之英华

除了祭祖和踏青，能够成为清明节重要标记的还有蕴含着传统文化的美食和美诗。清明美食不仅能让人大饱口福，而且成为一种文化记忆；清明美诗则寄托了人们对家乡和亲人的眷念。

一、清明美食

由于寒食节与清明节合二为一的关系，一些地方还保留着清明节吃冷食的习惯。古代清明节举国上下不许烧火煮食，只能吃干粮和冷食，大江南北，就逐渐形成了自己独特的清明食俗，为这个节日增添了无穷的魅力。

（一）清明螺

清明螺

吃清明螺是南方水乡的清明食俗。清明螺即田螺、螺蛳。清明螺素有“盘中明珠”的美誉，肉质丰腴而细腻，味道鲜美，可与法国蜗牛相媲美。清明时节正是采食螺蛳的最佳时期，因为此时的螺蛳尚未繁殖，最为丰满、肥美，因而民间有“清明螺，赛只鹅”的说法。

清明螺吃法相当丰富，农家清明节吃螺蛳，用针把螺蛳肉挑出，再烹制食用，叫“挑青”。可与葱、姜、蒜、酱油、料酒、白糖同炒；也可煮熟后挑出螺肉，炝拌食用；还可以酱爆螺蛳，即锅中放油，将葱、姜、蒜、八角、花椒、桂皮等调料爆香，然后加入黄豆酱、螺蛳爆炒。清明节食“清明螺”，可谓“一味螺蛳千般趣，美味佳酿均不及”！

吃完美味的清明螺后还可将其外壳扔到屋顶上，据说屋瓦上发出螺蛳壳的滚动声能吓跑屋顶上的老鼠，毛毛虫也会钻进螺壳里做巢，不再出来骚扰蚕，这样利于清明后养蚕，可谓一举多得。

（二）清明果

清明果，也叫菠菠粿，是南方大部分地区清明期间的传统民俗小吃。每到清明节，家家户户都要做一种叫清明果的食物，可以在扫墓时用来祭奠先人，也可以赠送亲友。

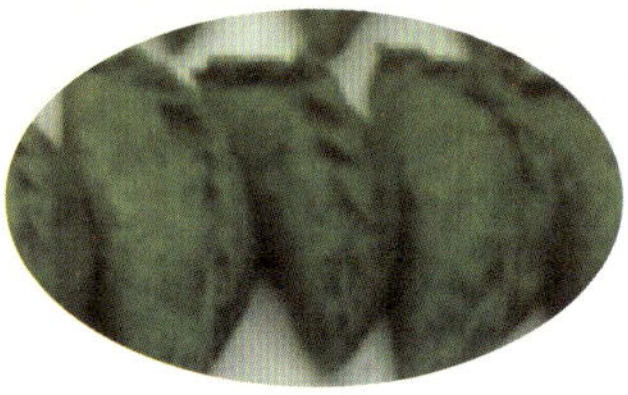

清明果

清明果的皮是将艾叶或菠菠草捣烂与米粉和面而成，其馅料的做法花样繁多，有枣泥的、豆沙的、萝卜丝的、熏肥肠拌芥菜末的，有豆腐干和着韭菜的，还有其他各类美味的搭配，但无论什么馅都少不了辣椒粉，这样做出来的清明果吃起来才觉得够味过瘾。面皮和馅料都准备好了，最后一道工序就是成型了。包清明果和包饺子有异曲同工之效，但包清明果似乎更精致些，那一个个褶儿折得就像水波一样。也有的地方在包好后，要用印模压出各种动物和寿桃的形状，然后蒸食。清明果形状像饺子，味道却大不相同。上锅蒸熟，“清明果”一个个晶莹剔透，吃到嘴里，五味俱全，格外让人喜食。

清明果翠绿如老玉，味道绵软而甜咸。人们清明食清明果，主要是为了取“吃青”之意。人们清明时节外出踏青、扫墓时，都不忘带上做好的清明果。

近年来，当地人开发出了一系列的馅儿料，如：韭菜、豆腐干、肥肠、芥菜等，使清明果的口味更加丰富，越来越受大众欢迎，并且走向了全国。

（三）乌稔饭

乌稔饭

在闽东和浙江西南地区，每年清明节期间，畲族村寨都要忙着做一种节令美食——“乌稔饭”。乌稔饭的主料是糯米，畲族妇女背竹篓去寨外，将当地生长的一种乌稔树的新鲜叶子采摘下来，洗净后，放在清水中煮。然后用煮出的汁液来泡糯米。浸泡大约9个小时后，捞出糯米，上锅蒸熟，一锅乌稔饭就做成了。乌稔饭看似乌黑，但味道独特，入口绵软微甜，令人唇齿生香。

二、清明美诗

清明

［宋］黄庭坚

佳节清明桃李笑，野田荒冢只生愁。
雷惊天地龙蛇蛰，雨足郊原草木柔。
人乞祭余骄妾妇，士甘焚死不公侯。
贤愚千载知谁是，满眼蓬蒿共一丘。

清明时节，桃李含笑盛开，但野田荒坟却是一片凄凉，令人哀愁的景象。清明佳节应是有欢乐存在的节日，诗人眼中却只剩下了愁。

春雷惊天动地，惊醒了冬眠中的龙蛇，春天雨水充足，郊外原野上的草木长得很柔嫩。描写了清明时的景色更衬托了诗人此时的心境。

过去有个齐国人在坟墓前乞求祭品充饥，回家却向妻妾炫耀，说富人请他喝酒，与此相反，晋国志士介子推不贪公侯富贵，宁可被火焚死也不下山做官。无耻乞食人与忠贞的隐士形成对比，引人深思。

悠悠千载，贤愚混杂，谁是谁非？最后都是掩埋在长满野草的荒坟中。

诗人将大自然中的勃勃生机与人世间不可逃脱的死亡命运进行对照，表现出了消极虚无的思想，抒发了诗人对人生无常的慨叹和对社会不平的愤激。

清明

［宋］魏野

无花无酒过清明，兴味萧然似野僧。

昨日邻家乞新火，晓窗分与读书灯。

《清明》是北宋诗人魏野（一说是王禹偁）创作的一首七言绝句。没有花供我欣赏，也没有酒供我消愁，我就是如此凄凉地挨过这清明佳节。这是作者早年读书生活的真实写照；我的意态与趣味，竟然等同于那山野小庙中的老僧。读书生活清苦、寂寞；昨天，我向邻居求来了新火，今早天刚蒙蒙亮，就赶快点着了窗前读书用的油灯。作者为了求取功名，倚窗发奋读书，过着山野僧侣般的清苦生活。

清明

［唐］杜牧

清明时节雨纷纷，路上行人欲断魂。
借问酒家何处有？牧童遥指杏花村。

关于清明的诗句，杜牧的这首最有代表性。清明节这天细雨纷纷，路上远行的人好像断魂一样迷乱凄凉。问一声牧童哪里有酒家，他指了指远处的杏花村。作者由于受到了清明节的影响触景生情有感而发，抒发了自己心中的郁结。于是便借问酒家何处有，便有了牧童遥指杏花村。

清明日对酒

［宋］高翥

南北山头多墓田，清明祭扫各纷然。
纸灰飞作白蝴蝶，泪血染成红杜鹃。
日落狐狸眠冢上，夜归儿女笑灯前。
人生有酒须当醉，一滴何曾到九泉。

本诗开头先写了清明时节南北山头人们忙碌祭祖的景象“纸灰飞作白蝴蝶，泪血染成红杜鹃”。接着又讲了祭祀活动过后的情景，野狐傍晚睡在荒冢上，夜归的扫墓人在油灯前谈笑风生。诗人借此发出了人生苦短、及时行乐的感慨。

第五章

端午节

“端午临中夏，时清日复长。”农历五月正值美妙的初夏，也是一个生发的季节。在此时节，一切生物生长茂盛、活力充沛。但是伴随天气渐热、雨水渐多，也出现了瘟疫易起、疾病易生的现象。所以驱除瘟疫、祈福净身，就成为这个时节的主要特点。

第一节　初识端午，寻端午之渊源

农历五月初五是中国的传统佳节——端午节，端午节的名称在中国所有传统节日当中叫法最多，达二十多个，如龙舟节、端阳节、端五节、重五节、天中节、五月节、菖蒲节、浴兰节、龙日节、粽子节、诗人节、屈原日等等。

端午节是中国四大传统节日之一，也是中华民族五千多年沿袭下来的最古老的节日之一。端午节的起源与原始信仰、祭祀文化、天象、历法等人文与自然文化内容有关。

一、天象崇拜说

端午节最初是上古先民祭祀龙祖的节日。上古时期，人们根据日月星辰的运行轨迹和位置，把黄道附近的星象划分为二十八组，俗称“二十八宿”。人们把“二十八宿”按照东南西北四个方向划分为四大组，产生“四象”：东方苍龙，南方朱雀，西方白虎，北方玄武。在东方的苍龙七宿分别叫做“角、亢、氐、房、心、尾、箕”，组成一个完整的龙形星象，故人们称它为“苍龙七宿”。苍龙七宿的出没周期与一年四季轮回相一致。

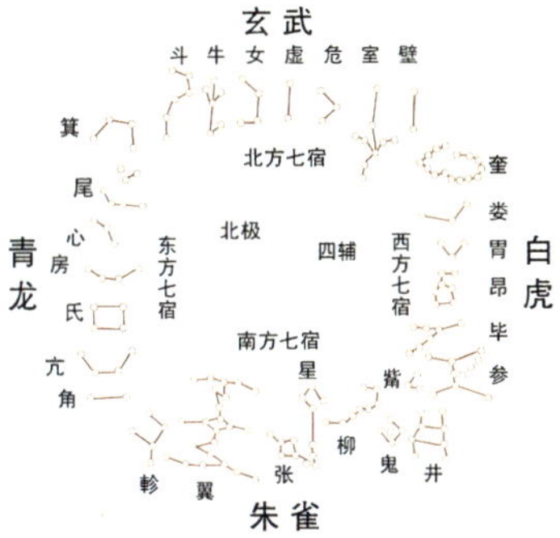

二十八星宿图

五月五日，苍龙七宿升至正南中天，其位置既“正”又“中”，人们认为是大吉之位。《易经·乾卦》第五爻中记载有“九五，飞龙在天”，意思就是端午这天苍龙七宿位于正南向的上空，人们认为这一天就是龙升到正中天的日子。

古代百越部族崇拜龙，认为他们是“龙子”，所以五月五日这个龙正中天的大吉之日，对于百越人意义深远。百越部族不仅有“断发文身”以像龙的习俗，而且每年在端午这天，要举行一次盛大的龙图腾祭祀活动，其中有一项活动便是龙舟竞渡。人们把船装饰成龙的形象，作为本族的图腾或保护神，这就是龙舟。在急鼓声中，人们划着龙舟，在水面上竞渡祭龙神，以酬谢龙祖恩德，镇邪消灾，祈求给人们带来祥瑞。这也是龙舟竞渡习俗的由来。

二、“恶月恶日”说

在中国先秦时期，人们认为五月是一年中最糟糕的一个月，于是就把农历五月称之为“毒五月”，这种称谓是有一定科学性的。进入农历五月后，气温升高，雨量增多，空气也变得潮湿起来。被称为“五毒虫”的五种毒物，如：毒蛇、蝎子、壁虎、蜈蚣、蟾蜍，在这样温润的环境下，逐渐进入繁殖期和活跃期，此时其毒性最大、活动最频繁、生长最旺盛，因而有民谣“端午节，天气热，‘五毒’醒，不安宁”。另一方面，由于有了适宜的温度和湿度，蚊虫滋生，细菌、真菌等微生物也急剧繁殖。在当时自然科学不发达、医疗条件很落后的生活条件下，人们在“毒五月”被毒虫叮咬、细菌侵入，病邪丛生，从而导致瘴疠毒霾嚣张，瘟疫经常会爆发，患病或死亡的人数也骤然增加。由此可见，这一时节的天气、物候对人们的健康极为不利。当时的人们对这个月特别恐惧，就将这

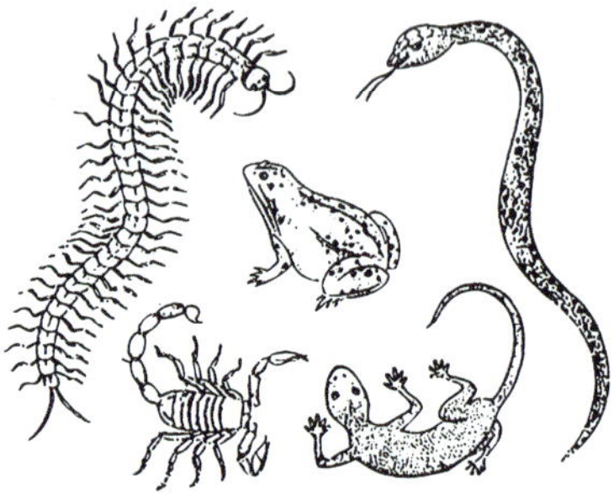

五毒图

个月称为“毒月”。

在“毒五月”中，又有九天特别毒，分别是：五月初五、初六、初七，十五、十六、十七，以及廿五、廿六、廿七，这九天是伤身损气耗精元的日子，古人称这九天为“九毒日”。在这样毒月遇上毒日的时节里，人们必须端容肃己，严禁杀生，节制嗜欲，忌讳各种淫邪之事，甚至夫妻不能同房，因而有已婚女子在“毒五月”回娘家，避免与丈夫同房的习俗；饮食方面，适宜吃清淡食品，尽量减少酸味、增加苦味，以益肝补肾；此时节应清心静养，与自然和谐，对身心都有极大好处。五月初五又是“九毒日”中最毒的一天，古人讲究阴阳调和，五本身就是阳数，五月初五就是阳上加阳，被称为“极阳”之日。所以五月初五被认为是非常凶恶的日子，可谓九毒日之首，也因此这一天各族民俗中有许多喝雄黄酒祛毒解痒、插艾草戴香囊以辟邪气、兰汤沐浴以清污浊等仪式，以达到除邪辟秽和养生保健之目的。

饮菖蒲酒

三、纪念历史人物说

随着时间的迁移，端午节又融入了纪念历史人物的内容。战国时期的爱国诗人屈原在五月五日这天抱石投汨罗江自尽，楚国的老百姓就每逢端午节都要来到江边举行悼念屈原的活动。

在江浙一带，相传伍子胥去世的那天正好是五月初五——端午节。于是，人们便在端午节这天纪念直言敢谏的伍子胥。

东汉苍梧太守陈临，为官清廉，颇有政绩，深受当地平民百姓爱戴。据说五月五日为陈临忌日，人们每年要在其忌日前往其祖神祠举行拜祭典仪一次，所以岭南地区逐渐形成了端午节祭拜陈临的习俗。

曹娥，东汉上虞人，其投江寻父的孝行，一直为人们所称颂。所以，人们就把其父在迎“伍君”的祭祀活动中不幸落水身亡的日子——五月五日，作为纪念孝女曹娥的日子。曹娥碑就是东汉年间人们为颂扬曹娥的美德、纪念她的孝行而立的石碑。

在几种传说中，屈原的爱国精神和感人诗辞，已广泛深入人心，至今被世人称颂和敬仰。因为屈原在诗歌文化方面作出的巨大成就，世界和平理事会在1953年确定屈原为当年纪念的世界四大文化名人之一。因此，端午节纪念屈原之说，目前影响最广最深，占据主流地位。

四、其它元素的加入

端午节佩戴五色缕。魏晋南北朝时期，由于战争频繁，百姓饱尝战乱之苦，所以最重视的端午习俗莫过于佩带“辟兵缯”了。它既能保人们平安健康，又能庇佑人们避免刀兵之灾。人们用五色丝编制成日月、星辰、鸟兽等形状，并在其上刺文绣、金缕，就是辟兵缯，汉代也称其为长命缕或续命缕。东汉应劭《风俗通·佚文》中有“五月五日，以五彩丝系臂者，避鬼及兵，令人不病瘟，一名长命缕，一名续命缕，一名辟兵缯，一名五色缕，一名朱索。”《宋史·礼志十五》记载：“前一日，以金缕延寿带、彩丝续命缕分赐百官。节日戴以入。”端午节系五色缕去邪祟、避灾除病、益寿延年，该习俗起始于汉代，逐渐相沿成习，直至近、现代。

挂钟馗

贴门符的加入。百姓在端午节把朱索、桃印贴在门上，用来止恶气、驱瘟避邪。这种习俗源于汉代。《后汉书·礼仪志》中记载有“五月五日，朱索五色桃符，为门户饰，以止恶气。”而到了宋代，在端午节期间人们将绘有天师或钟馗像的门符贴在门上。门符，民间也称其为“灵符”“五雷符”。贴门符目的也是驱除疫病毒虫，保佑全家安康。

现代，端午节被称为中国民间的四大传统节日之一。2006 年 5 月，国务院将其列入首批国家级非物质文化遗产名录。自 2008 年起，端午节被列为国家法定节假日。2009 年 9 月，联合国教科文组织正式审议并批准中国端午节列入世界非物质文化遗产，成为中国首个入选世界非遗的节日。

第二节 细听传说，追端午之情怀

端午节起源于吴越民族龙图腾祭祀说、恶月恶日驱避说等等，而关于端午节的传说，说法也有很多，比如：纪念屈原说、纪念伍子胥说、纪念曹娥说等。

一、纪念屈原的传说

屈原像（明·《历代古人像赞》）

根据《史记·屈原贾生列传》记载，屈原出身贵族，但自幼生活在民众之中，非常同情贫苦百姓的疾苦，为老百姓做了许多实事，从而赢得了众口一词的美誉。屈原自幼嗜书成癖，博闻强识，志向远大。早年得到楚怀王的赏识，官至左徒。后来因小人进献谗言，降任三闾大夫。屈原是当时兼管内政、外交的重臣。他力主革新吏治，对内倡导举贤任能、修明法度，对外主张联齐抗秦、富国强兵。屈原的系列改革触动了楚国部分上层阶级的利益，遭到了守旧贵族的强烈反对，并被小人诋毁和陷害。昏庸的楚怀王听信谗言，把屈原赶出都城，先后放逐到汉北和沅湘流域。在流放过程中，他坚决反对向秦国屈膝投降，坚持自己的政治主张，斥责小人误国，写下了忧国忧民的《离骚》《天问》《九歌》等千古不朽的诗篇。公元前278年，秦军攻破楚国都城，屈原最后一丝希望也随之破灭。眼看着自己的祖国被践踏而无能为力，屈原在报国无门、极度绝望中，于农历五月五日写下了绝笔之作《怀沙》后，悲愤地怀抱大石投汨罗江自尽，以身殉国。

听到屈原投江的消息，楚国百姓悲痛万分，纷纷到汨罗江边凭吊。楚国人因舍不得贤臣屈原投江死去，渔夫们划着船在江上追赶拯救，并借划龙舟驱散江中之鱼，以免鱼吃掉屈原的身体。他们争先恐后，追至洞庭湖仍不见其踪迹。有人拿出为屈原准备的饭团、鸡蛋等食物，丢到江里喂食鱼龙虾蟹，认为这样它们就不会去咬屈原大夫的身体了，人们见后纷纷效仿。后来人们担心饭团被蛟龙所食，就用楝树叶包饭，外缠彩丝，就是现在的粽子的雏形。有位老医师拿来一坛雄黄酒倒进江里，说是要药晕蛟龙水兽，以免伤害屈大夫。传说，楚国百姓为悼念屈原就有了端午节龙舟竞渡、吃粽子、喝雄黄酒的风俗。端午节也因此被人们称为诗人节、屈原日。

二、纪念伍子胥的传说

伍子胥像

关于端午节的另一个传说，是纪念伍子胥。伍子胥名员，楚国人。伍子胥的父亲和兄长都是为奸人诬陷而被楚平王杀害的，伍子胥面临危险毅然逃出楚国。在逃亡的路上，他白天躲藏，晚上赶路，历经磨难，最后投奔了吴国。伍子胥帮助吴国讨伐楚国，屡战屡胜，最后攻入楚国国都。当时楚平王已死，伍子胥为了报杀害父兄的深仇大恨，就从楚平王的坟墓中挖出其尸体，用鞭子抽打了三百下才罢休。吴王阖闾死后，他的儿子夫差继位，吴军士气大振，所向披靡。与越国交战时越国大败，夫差以为越国已经不足为患，同时他又迷上了西施的美色，就听不进去伍子胥彻底消灭越国的建议，同意了越王勾践的请和，把军队撤回了吴国。

吴王夫差自从战胜越国后，就认为没有了后顾之忧，从此沉溺于西施的美色，天天过着骄奢淫逸的生活。夫差还狂妄自大，不顾人民的疾苦，经常出兵与其它国家打仗。太宰伯嚭由于收受了越国的好处，向夫差进献谗言，诬陷伍子胥有谋反之心。夫差听信了奸佞小人伯嚭的诽语，不仅不听伍子胥“联齐灭越”的主张，反而派人送一把宝剑到伍子胥那里，令伍子胥自刎而死。伍子胥本来就是国家忠良，在愤恨之余，留下遗言，要家人在他死后把他的眼睛挖出，挂在东城门上，他要亲眼看着越国军队灭掉吴国。伍子胥视死如归，随后就自刎而亡。吴王夫差听说后勃然大怒，命令属下将伍子胥的尸体装在鸱夷革中在五月五日这天抛入钱塘江中。

伍子胥“相土尝水，象天法地”，建造了姑苏古城，他在吴地具有崇高的地位。在苏州人民的心目中，对于伍子胥的推崇，早已深深扎根在人们的心中。因此就有端午节是为纪念伍子胥的传说。后来，人们把伍子胥被抛尸入江所在地叫做胥口，并把伍子胥率领开挖的运河命名为胥江，把附近的小山命名为胥山，比邻的太湖命名为胥湖，城门有胥门等等。当地民众为了纪念他，自发建起了伍子胥墓和胥王庙。每年端午节，来自世界各地的伍氏后人都会来这里举行祭拜仪式，同游客一起向胥江抛粽子来悼念伍子胥。

三、纪念孝女曹娥的传说

曹娥是东汉上虞人，父亲曹盱是一位术士。汉安二年，端午节这天，曹盱划着一只小船，从舜江逆流而上进行迎接“伍君”的祭祀活动。天有不测风云，突然江面上刮起了大风，掀起了大浪。小船被一个大浪打翻，瞬间就被江水吞没，曹盱也就随着掉入江中。时年十四岁的曹娥听到父亲掉入江中的消息，哭着奔跑到江边，悲痛欲绝。她在江边日夜不停地找寻着、呼唤着父亲。就这样连续寻找了十几个昼夜后，曹娥知道父亲已经凶多吉少了，于是，她将自己的衣裳抛到江中，然后双膝跪在岸边，对着江水说："父亲，如果您在天有灵，就成全女儿的孝心，让这衣裳在您所在的位置沉下去吧！"说也奇怪，她抛出的衣裳随着江水漂流了一段距离后，在一个地方打了几个转儿，就沉了下去。曹娥见状赶紧循着衣裳沉下去的地方，纵身跳了下去。

五天后，有人隐隐约约看见下游的江面浮着两具尸体，人们立即将尸体打捞上来一看，原来是曹娥背着她的父亲。虽然父女俩都没有了气息，但是，曹娥还是紧紧背着父亲。在场的人们见此都掉下了眼泪，都说是曹娥至诚的孝心感动了江神，才让她在水下找回父亲的尸体，并把他们送上水面。当地的县官得知后，也被曹娥的孝烈深深感动，下令把他们父女好好埋葬，并且立了一块碑，将孝女曹娥的事迹记录下来，供人们瞻仰、怀念。

后来，人们为了纪念曹娥，就在她投江的地方建起了"曹娥庙"，曹娥所居住的村子也改名为"曹娥村"，那条舜江也就改称为"曹娥江"。因为曹娥投江救父这件事发生在端午期间，所以，当地端午节的一系列纪念活动，自然也就与曹娥有关了。

总之，端午节传说的加入使得节日增添了人文情怀，对百姓而言具有了更深远的意义，端午节也慢慢成为了人们生活中重要的节日。

第三节　明晓习俗，探端午之内涵

五月初五，“阴阳争，死生分”，端午节的很多习俗都是围绕着躲五、驱邪、避毒进行的，所以驱邪避毒便成为端午节非常重要的组成部分。古代人们为了驱邪避毒，会在端午节进行一系列的活动，比如：系五彩线、挂菖蒲和艾叶、喝雄黄酒、兰汤沐浴等等。

五色缕

一、端午系五彩线

端午节系五彩线，是古老习俗。五彩线俗称合欢结，也叫长命缕。在中国古代人们崇拜五色，因此把五色作为吉祥色。五彩线就是用五种颜色的线编制而成。五种颜色不是随便用哪五种颜色都行，而必须是白、青、黑（或蓝）、红和黄色。这五种颜色从阴阳五行学来讲，白色代表金，青色代表木，黑色代表水，红色代表火，黄色代表土。同时，分别象征东、西、南、北、中，蕴涵着五方神力，可以驱邪除魔，祛病强身，使人健康长寿。所以为孩子系五彩线是端午节的重要习俗，它有祈福纳吉的美好寓意。

系五彩线

古人系五彩线也有一定讲究，必须要在太阳出来之前就系上，否则就会不灵验。因此在端午节清晨，各家各户的大人们起床后头等大事就是在小孩脖子上、手腕、脚腕上系五彩线祈福纳祥。给孩子佩戴五彩线时，千万不能让孩子开口说话。五彩线也不可以随意弄断或抛弃，只可在下大雨或第一次洗澡时，扔到河里，或者将它丢在自家院墙的排水口，随雨水冲走。据说，佩戴五彩线的儿童可以避开蛇蝎类毒虫的伤害。把五彩线扔到河里或让雨水冲走，这样就意味着带走了瘟疫、疾病以及身上的晦气，由此可以保佑儿童平安健康、茁壮成长。同时，大人的烦恼、忧愁也都会随着雨水流走，带来一年好运。

清·徐扬《端阳故事图》（系彩丝）

二、端午避五毒

中国民间传说，五月为毒月，初五又是毒日，所以在五月五日端午节这天有驱五毒的习俗。五毒，就是蛇、蜈蚣、蝎子、壁虎、蟾蜍（俗称癞蛤蟆）。民谣说：“端午节，天气热，‘五毒’醒，不安宁。”端午节驱“五毒”就是提醒人们要防害防病。

为了防病除害驱五毒，老百姓想出了各种办法。

（一）五毒图

民间端午节在屋里贴五毒图来驱五毒。一般先在红纸上印画五种毒物的图案，然后把五根针刺在“五毒”上面，这样就意味着“五毒”被刺死，再也不能害人了。

（二）五毒兜

端午节这天，小孩子要带上绣有“五毒图”的“五毒兜”，寓意是以毒攻毒，确保孩子不受“五毒”侵害，健康成长。妈妈或奶奶还会把一个温热的鸡蛋放在“五毒兜”里，或者用温热的鸡蛋在小孩的肚子上来回滚几遍，边滚边说“一年不会肚子痛”一类祈福的话。

五毒兜

（三）戴香包

端午节小孩佩挂护身灵物——香包。佩香包，有避邪驱瘟之意。香包内装有藿香、薄荷、甘松、艾叶、

香包

佩兰、檀香、香菊、雄黄、香樟果等香料，和在一起捣碎。外面用丝布包起来，并穿上五彩线、彩珠和挂绳，制做成形态各异、香气扑鼻的香包。孩子戴在身上，起驱虫除秽、辟邪驱蚊的作用，女子也可以送给自己心仪的男士表达爱意。

（四）五毒符

在端午节，人们还有将剪有“五毒”形象的剪纸当作门符的传统，将“五毒符”贴在门上，据说这样做可以驱“五毒”以辟邪、除瘟疫。

（五）五毒鞋

老人们在端午节来临之际给家里的小孩做五毒鞋，意思就是让五种毒物远离孩子，使其免受伤害。五毒鞋一般以黄色布为鞋面，鞋口处用红色的布延边，上面缝制的五毒图案布局是很有讲究的，要根据五毒的形状进行设计。在五毒里面，蟾蜍的体积最大，因此就让它占据了整个鞋的前脸，蟾蜍的头部朝前，两只后腿伸向鞋口前端的两侧。接下来，一侧是蛇和壁虎，另一侧则是蜈蚣和蝎子。五毒鞋是在端午节当天一早穿上，一直穿到次年端午节，再换新鞋，直到小孩三周岁。正如民谣，“端阳流行五毒鞋，娃子穿上避瘟邪；民俗深处见亲情，盼儿健康恩似河。”

（六）五毒饼

民间在端午节食用“五毒饼”。“五毒饼”是一种用刻有 “五毒”图案的模具把“五毒”印在玫瑰饼酥皮儿上的一种饼。“五毒饼”的馅料一般是玫瑰馅儿的，家人一起分享时，要细嚼慢咽，有对“五毒”“咬牙切齿”的用意，也有以毒攻毒，祛病防灾的寓意。

三、挂菖蒲、艾草

菖蒲是一种水生湿地植物，叶子形状似剑，所以人们称它为“水剑”、“蒲剑”。是一种提神通窍、杀虫灭菌、健骨消滞的药物。端午这天悬挂意指可以斩千邪。

菖蒲

艾草

艾草，又名艾蒿、家艾，在中国古代就一直是药用植物。民间用其驱除蚊蝇虫蚁、净化空气，也可用于针灸，即艾灸，以治病。端午节这天插在门口，表示驱邪避灾，可使身体健康。

中国自古以来就有门前挂菖蒲、插艾草的习俗，民间亦有“清明插柳，端午插艾”之说。端午节这天，家家都洒扫庭除，把菖蒲、艾草插在门眉之上，或者悬于大堂之中。有的地方用菖蒲、艾叶、榴花、蒜头、龙船花，制成人形或虎形，称为艾人、艾虎，有“老虎在身、百鬼莫侵”的寓意。有谚语云：“五月五日午，屈公骑艾虎，手执菖蒲剑，驱魔归地府。”。另外，在端午节，人们还把菖蒲刻成“小人儿”、“小葫芦”等形状，挂在儿童脖子上，以求吉利。有的人还制成花环、佩饰，美丽芬芳，妇人争相佩戴，用以驱病、防蚊、辟邪。

清 · 徐扬《端阳故事图》（悬艾人）

在中国台湾，民间也有在端午时节贴“午时联”的习惯，它的作用和灵符一样，有些午时联内容就是“手执艾旗招百福，门悬蒲剑斩千邪”。可见在端午节，许多地方都有把艾草、菖蒲插于门眉、悬于堂中、置于床头、佩戴身上等习惯，以起到辟邪祈福的作用。

民间有用菖蒲和艾草泡水洗脸、洗澡以驱邪避毒；还用菖蒲和艾草泡酒，做成菖蒲酒、艾叶酒。端午时节饮用菖蒲酒、艾叶酒来解毒、避瘟。人们往往还会把菖蒲酒或艾叶酒洒在墙脚，以驱赶毒物。端午节所饮用的酒中还有雄黄酒，雄黄也有驱邪避毒的功效。

龙舟竞渡

四、端午赛龙舟

赛龙舟是端午节最重要的节日民俗活动之一，在我国南方地区普遍存在，在北方靠近河、湖的地区也有赛龙舟的习俗。

龙船竞渡前，先要请龙、祭神。如广东龙舟，在端午前要从水下起出，祭过在南海神庙中的南海神后，安上龙头、龙尾，再准备竞渡。并且买一对纸制小公鸡置龙船上，认为可保佑船平安。闽、台地区的人们则前往妈祖庙祭拜。四川、贵州等个别地区则直接在河边祭龙头，杀鸡滴血于龙头之上。人们祭神时，祈求风调雨顺、农业丰收，也祈祷出行平安、驱邪避祟，表达人们内心对未来美好的愿望。

人们把比赛用船装饰成龙形，按颜色分青龙、黄龙、白龙等。比赛时，在江、河、湖的中心树标。船上有水手、舵手，并有一人敲锣鼓指挥。众船从同一起点出发，在一定距离内划船竞速夺标，场面非常壮观。

如今端午赛龙舟的这个风俗还传到了朝鲜、日本、缅甸、马来西亚等国，颇受各国人民的喜爱，并成为了国际比赛项目。

五、画额

端午节画额，就是人们在端午节这天用雄黄酒涂抹小孩儿额头的习俗，据说这样做可以驱毒镇邪。具体做法是用雄黄酒在小孩儿额头画“王”字，其用意一方面是借雄黄酒驱毒，另一方面，额头画“王”貌似老虎，利用猛虎的威严来镇邪。《燕京岁时记》记载：“每至端阳，自初一日起，取雄黄合酒洒之，用涂小儿领及鼻耳间，以避毒物。”除了涂抹在额头、鼻耳外，还可以涂抹在身体的其他地方，也是为了达到去邪祟、攘灾异的目的。山西《河曲县志》记载：“端午，饮雄黄酒，用涂小儿额及两手、足心，……谓可却病延年。”饮雄黄酒也是山西民间端午节的重要习俗，主要用于防病和祛毒。

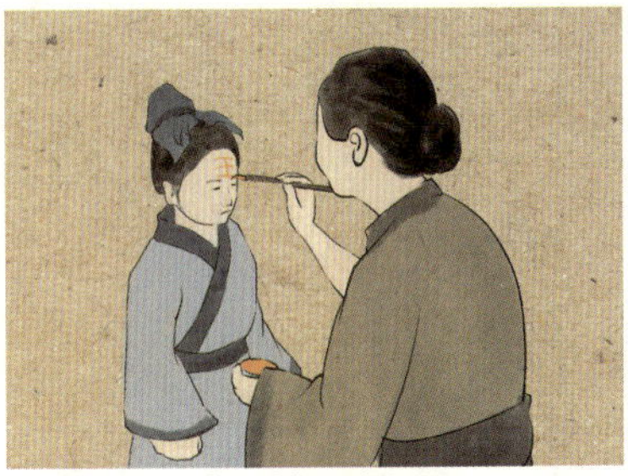

端午画额

六、跳钟馗

跳钟馗，又称“嬉钟馗”，是一项古老的端午节民俗表演活动。在民间传说中，“钟馗”是驱鬼逐邪之神。跳钟馗多在五月五日端午节演出，寓意为消除五毒、赐福镇宅、保佑平安、人寿年丰。

跳钟馗，主要分为南北两派。北派跳钟馗最有代表性的是陕西省西安市户县的跳钟馗。北派跳钟馗常用在送走孤魂野鬼，以免邪魅驻留不去。其主要内容有钟馗降神、钟馗出巡、钟馗除邪、钟馗赐福、钟馗凯旋五个部分。南派跳钟馗以古徽州歙县地区最为突出，是古徽州遗存下来的一种传统民俗表演，有《出巡》、《嫁妹》、《除五毒》等多种内容。其内容体现了人们崇尚钟馗的刚正不阿、祈盼钟馗除害降福的美好愿望。

斗草（宋）

七、斗草

斗草，又称斗百草，是一种由古人采草药衍生而成的民间游戏，属于端午民俗。远古时代先民们认为，端午节阳气旺盛，是草木一年中药性最强的一天。每

斗百草（明）

逢端午节，先民们都要集体去郊外采药。他们先按照风俗把采回来的艾草插在门上，用来解暑、防疫、辟邪，而后用采回来的花草进行斗草比赛。斗草的方式有两种：一种是“武斗”，即比试草茎的韧性，方法是以叶柄相勾，两人双手各拿着自己叶柄的端部相拽，被拽断的一方为输；另外一种是“文斗”，就是对花草名，女孩们采来百草，以对仗的形式互报花名、草名，谁采的花草种类多，对仗的水平高，能坚持到最后，谁便是赢家。玩“文斗”需要具有一定的植物学知识和文学知识功底，所以适合大人玩儿，“武斗”则在孩童之间玩儿得较多。

《红楼梦》中也有斗草环节。宝玉生日那天，众姐妹们忙忙碌碌安席饮酒做诗。各屋的丫头也随主子取乐，薛蟠的妾香菱和几个丫头各采了些花草，斗草取乐。这个说，我有“观音柳”；那个说我有“罗汉松”。最后眼看着荳官的“姐妹花”要胜了，香菱用“夫妻蕙”赢得了斗草的胜利。

第四节　美食美诗，品端午之英华

端午节为中国古老的传统节日，其丰厚的文化底蕴造就了不同的传统节令美食和美诗。端午节，既有美食来关照满足人们的味蕾，又有诗人描绘的一幅幅美丽图画，让人心生向往。

一、端午美食

很多人对端午的印象只有香香糯糯的粽子。事实上，在端午节，营养又可口的美食不仅仅只有粽子，还有许多节日美食，让我们一起领略“舌尖上的端午”吧！

（一）包粽子

端午节吃粽子的习俗，千百年来盛行不衰。粽子，是中国历史上迄今为止文化积淀最深厚的传统食品。粽子又叫“角黍”、“筒粽”。“角黍”是用茭白叶或芦苇叶包糯米（或大黄米）和馅料、形状像牛角的粽子；“筒粽”是用竹筒装米密封、而后烤熟食用的粽子。

清 · 徐扬《裹角黍》

从馅料看，北方地区包粽子馅儿料多用小枣和豆沙，如北京枣粽、豆沙粽；南方品种会多一些，如桂圆粽、肉粽、水晶粽、莲蓉粽、蜜饯粽、板栗粽、酸菜粽、火腿粽、咸蛋粽、辣粽等等，其中以浙江嘉兴粽子最为出名。

煮粽子的锅里一定要煮鸡蛋，有条件的还要再煮些鸭蛋、鹅蛋，吃过蘸糖的甜粽之后，要再吃蘸盐的鸡蛋“压顶”。据说吃五月端午粽锅里的煮鸡蛋在夏天不生疮；把粽子锅里煮的鸭蛋、鹅蛋放在正午时阳光下晒一会再吃，整个夏天不头痛。

（二）吃五黄、五白与五红

中国江南许多地方在端午节有吃“五黄”与“五白”的食俗。“五黄”指黄鳝、黄鱼、黄瓜、鸭蛋黄及雄黄酒，雄黄酒有毒性，一般都喝普通的黄酒代替雄黄酒。“五白”包括白切肉、白蒜头、白斩鸡、白豆腐、茭白。端午节食用“五黄”与“五白”的菜肴，可清热解毒，健脾和胃。

端午节除了有吃“五黄”、“五白”之外，还有的地方有吃“五红”的习俗，比较典型的“五红”是烤鸭、苋菜、红油鸭蛋、龙虾、雄黄酒，据说端午节吃了这“五红”，整个夏天就可以辟邪避暑了。事实上，每个地方“五红”的内容不尽相同，人们根据当地容易获得的食物来源，寻找五种煮熟后呈红色的食品，这些食品都是初夏季节的时令佳肴，营养丰富，味道鲜美。

据民间说法，在端午节吃了这些五颜六色的菜品可以驱毒避邪、解毒杀菌，抑制霉运、提升自己的精力。

（三）蒸面扇子

面扇子是汉族端午节食品，流行于甘肃、宁夏一带。它是用发面蒸制，形状呈扇形，有 5 层。层与层之间撒有熟胡椒粉，表面捏成各种好看的花纹，蒸熟，并染上五彩。这种食俗据说是由端午节赠扇的风俗演变而来的。端午节女婿陪女儿回娘家，除了送常规礼品外，还要送扇子，祈求在恶月恶日扇跑恶鬼，祈福纳祥，避邪消灾。

（四）吃咸鸭蛋

端午节吃咸鸭蛋，寓意着健康平安。咸鸭蛋咸而微寒，能滋阴、清肺，而且还可以治疗毒五月很常见发热、咳嗽、嗓子疼以及泄痢等疾病，所以很多人在端午节的时候吃咸鸭蛋，就是为了治疗和预防这些疾病。

（五）蒸艾馍馍

端午节采回来的艾草，不仅插于门头辟邪，而且用于蒸艾馍馍。就是把米粉或面粉发酵，与艾蒿嫩尖一起蒸制而成的小吃。艾草有着抗菌消炎、祛痰、镇咳等作用，此外它还具有芳香气味，可驱虫杀菌。

（六）食饼筒

食饼筒是浙江台州特有的传统小吃，通常在端午节食用。做法是将面粉加水调成胶糊状，放入平底锅中用工具将粉浆均匀地移动摊开、铺平、烙熟，再取出面皮铺上炒粉丝，包上各类菜肴，如鳝丝、鸡蛋丝、卷心菜、茭白丝、菜头丝、土豆丝、豆腐丝 、豆芽等。

（七）煮大蒜蛋

河南、浙江等省的农村每逢端午节这天，会将事先准备好的大蒜和鸡蛋放在一起煮，供一家人早餐食用。有的地方，还在煮大蒜和鸡蛋时放几片艾叶。早餐食大蒜、鸡蛋、烙油馍，这种食法据说可避“五毒”，有益健康。

二、端午美诗

描写端午的诗词很多，有的感叹屈原，有的记录当时的习俗。我们从这些诗词中，可以看到当时人们过端午节的情形。

端午

［唐］文秀

节分端午自谁言，万古传闻为屈原。
堪笑楚江空渺渺，不能洗得直臣冤。

端午节日究竟从何而来，前人传说是为了纪念楚国大夫屈原。可笑汨罗江水浩浩荡荡，竟也不能洗去忠直之士的冤屈。诗人文秀的这首绝句是一首典型的借端午节悼念伟大爱国诗人屈原的诗作，让读者沉浸在对爱国诗人屈原的深深缅怀之中。尽管后人百般歌颂、悼念，像屈原抱石沉江这样的悲剧与冤屈是不能简单地洗刷干净的。诗人借《端午》希望皇帝善用有德行有才能之人，远离奸邪谄媚之臣，避免像屈原这样的千古遗恨再次发生。

竞渡诗

［唐］卢肇

石溪久住思端午，馆驿楼前看发机。
鼙鼓动时雷隐隐，兽头凌处雪微微。
冲波突出人齐譀，跃浪争先鸟退飞。
向道是龙刚不信，果然夺得锦标归。

这首《竞渡诗》描写的是端午节赛龙舟习俗，描绘了端午时节龙舟赛会上，鼙鼓初击声似雷，兽头威

武又雄壮，万人助威，多船竞发，最后夺得锦标归的动人场景，使人读来如亲见竞渡的激烈壮观场面。

卢肇，江西省第一个状元。时卢肇和黄颇均为举人，卢肇住城北，家境贫寒；黄颇居城西，家境富有。唐会昌三年（公元843年），卢肇与黄颇一同进京赴考，袁州刺史成应元眼浅势利，大摆筵席为黄颇践行，而把卢肇冷落在一旁。卢肇高中状元衣锦还乡，成应元大摆专席为卢肇接风洗尘，而又把黄颇冷落在一旁。这首诗就是卢肇在外地为官偶思之作，诗中表面描绘龙舟竞渡的场景，实则讽刺见风使舵、阿谀奉承的小人。

浣溪沙·端午

[宋] 苏轼

轻汗微微透碧纨，明朝端午浴芳兰。流香涨腻满晴川。
彩线轻缠红玉臂，小符斜挂绿云鬟。佳人相见一千年。

本篇描写妇女欢度端午佳节的情景，此词也可以理解为是苏轼写给侍妾王朝云的。上篇描述妇女们节日前进行的各种准备，刻画出了朝云的美丽身姿以及一幅为端午节忙碌的场景。下篇描述她们按照民间风俗，彩线缠玉臂，小符挂云鬟，一红一绿，为节日渲染了喜庆的氛围。“佳人相见一千年”表达了诗人希望两人一直这样相依相扶生活下去的美好愿望。

乙卯重五诗

［宋］陆游

重五山村好，榴花忽已繁。
粽包分两髻，艾束著危冠。
旧俗方储药，羸躯亦点丹。
日斜吾事毕，一笑向杯盘。

这首诗围绕端午节的习俗展开。“重五”时节的山村风光无限美好，榴花繁多，诗人陆游也暂时放下了满腹的忧愤，融入了节日的欢愉之中。他先吃了有两个尖尖角的粽子，再在高冠上插上艾枝，希望它能够给自己带来健康和福气。然后又依照旧俗，忙着储药、配药方，为的是这一年能平安无病。一直到夕阳西斜，诗人才把所有的事情都忙完，到了晚上，他忙完这些事情，家人早把酒菜备好，带着几分的满足，含着微笑喝起酒来了。

端午节经历了两千多年的历史积淀，已成为中华民族的一种文化源流，甚至在世界上影响广泛。集饮食、体育竞技、卫生防疫于一体，被人们喜爱。今天，五月对我们来说已经不是令人闻之色变的毒五月了，但是古人在五月的养生之道依然值得学习。端午，如今更多的是欢庆，但是纪念屈原、悬挂艾草、吃粽子、赛龙舟这些内容却依然存在于我们的节日中。端午节俨然已成为凝聚民族感情、爱国精神的一种文化象征。

第六章

七夕节

晚唐诗人杜牧有两句诗，“天阶月色清如水，坐看牛郎织女星”，常常勾起许多人的童年记忆。七月流火，白天酷热难耐，夜晚坐在庭院里，抬头仰望满天繁星，只见银河北侧那颗青白色的织女星最为耀眼，在织女星的旁边，有四颗小星连起来像一个菱形四边形，传说是织女编织云霞用的梭子。在银河对面，那颗微黄明亮的就是牵牛星。牵牛星的旁边，有两颗小的扁担星，相传是牛郎和织女的一双儿女。此时，坐在清凉如水的月色下，一阵微风吹来，几声蟋蟀鸣过，身边老人摇着蒲扇娓娓讲述着牛郎织女鹊桥相会的故事。这种富有浪漫色彩的七夕记忆，几千年来萦绕在人们心间，久久不能忘怀。

第一节　初识七夕，寻七夕之渊源

农历七月七日是中国古代传统的七夕节。七夕有很多名称，如七月节、少女节、双星节、神仙节、耕牛节等；而乞巧节、女儿节、穿针节是流传得最广、叫得最响的。七夕还有两个名字，很是清新淡雅。七月，兰花吐芳，馨香无比，称为兰月，七夕也随之叫做“兰夜”；七月，织女准备与牛郎相会，于是梳妆打扮，满天飘香，七夕就称为“香日”。这一天，人间的姑娘们会穿针乞巧、祭拜双星，乞盼美满幸福的姻缘。七夕节曾经喧闹地像夏日满天的繁星，如今却只能在偏远地区和历史老照片里一窥它斑驳的容颜了。

夏季星空中有三颗最高的主星：织女星、牛郎星和天津四。

一、七夕节起源于自然崇拜

七夕节最早来源于古代的星辰崇拜。立秋刚过，天气还未转凉，妇女们就开始当户夜织起来，抬眼看到夜空中两颗明亮的星辰，想起善于织布的秦人始祖女修，就将银河北侧那颗星命名为织女星。男人们为感谢周人的祖先叔均发明了牛耕技术，就将银河南侧那颗星命名为牛郎星。

七夕是有声音的，除了姑娘们的欢声笑语，还有蟋蟀们的赞歌。

后来，人们发挥自己的创造力，把织女星想象成织布的织女，把牵牛星想象成牵牛的牛郎。《诗经》里就记载，“维天有汉，监亦有光。跂①虽则七襄②，

七夕是有香味的，除了少女的脂香粉浓，更有兰花的淡淡幽香。

① 跂：音 qí，分叉的样子。

② 七襄：七次移动位置。

不成报章。睆[1]彼牵牛，不以服箱[2]”。其大意就是：你看那天上的银河，河水粼粼在放光；只看见天上的织女，一天七次的行路忙；虽然一天七次行路忙，却总也织不成美丽的花样；你看那明亮的牵牛，也不能来回的驾车辆。也就是说，早在先秦时期，人们就已经将牛郎星和织女星神化和人格化。只是，那时的牛郎和织女还生活在天上。

二、两汉掺入牛郎织女传说

到了汉代，人们又富有想象力地把天上的牵牛星、织女星搬到了人间。刘邦在长安建都时，就仿照天上的星辰修建宫殿，顺便把牵牛星、织女星的石人塑像搬到了自家的宫苑之中。牛郎和织女两个鲜活的人物，也随着从天上下凡到人间。

后世，人们则不断的演绎创造，逐渐形成了牛郎织女的神话传说。最初，牛郎织女传说还是一个悲剧故事，织女“终日不成章，泣涕零如雨”，被一条银河所阻隔，饱受相思之苦。到了魏晋六朝，牛郎织女这一对恩爱夫妻被银河分隔两岸的神话悲剧，契合着国家分成南北、百姓妻离子散的社会现实，人们渴望统一安定的生活。于是，牛郎织女传说就增加了一年一次鹊桥相会的喜剧结局，人们还将鹊桥相会的时间确定为七月初七。

为什么将鹊桥相会的时间确定为七月初七呢？原来，古人对数字“七”有崇拜现象。“七”，是个阳数，这与一、三、五、九一样；还是个吉数，与“吉”字

《周易》云：“反复其道，七日来复，天行也。”七，是一个神奇的数字。

① 睆：音 huàn，明亮的意思。

② 服箱：意思是负载车箱。犹驾车。

谐音，那么七月初七就有双阳、双吉的意思了。“七”，与“妻”字同音，和女性密切相关，如女性月经周期约 28 天，妊娠期约 280 天，绝经期约 49 岁左右等，因而七月初七祭拜织女星对女性而言就有了特殊的寓意。在民间，“七”是一个周期循环的界点，人们计算时间的时候往往把“七七”看作完满。更重要的是，古人认为七月初七是一个宜于相会的日子，传说汉武帝与仙后西王母五次相会都是在七月初七，就连当时道教的人神交游、神仙降世或是凡人升仙，也把日子定在七月初七。这样，七月初七牛郎织女鹊桥相会，就很是符合古人做事选择“良辰吉日”的规矩了。

至此，天空中的牛郎星和织女星被演绎成了人间悲欢离合的故事，七夕的节俗与牛郎织女的传说也开始交汇融合并不断发展。

三、乞巧习俗曾经盛极一时

汉代，七夕乞巧的习俗已逐渐形成。东晋葛洪《西京杂记》上记载，“汉彩女常以七月七日穿七孔针于开襟楼，人俱习之”，这应该是关于七夕乞巧的最早记载了。此外，汉代还盛行七夕节曝衣晒书、制药养生和拜祀牛女等。

唐宋时期，七夕节呈现出举国上下同庆祝的热闹景象。盛唐，宫庭之内极为重视七夕节日。每到七夕，“宫中以锦结成楼殿”，楼高百尺，可坐数十人。楼上摆设坐具，陈列瓜果、酒炙等祭品。妃嫔们穿针乞巧，清歌宴饮，自夜达旦。这一夜，妃嫔乞巧求福，还有宴乐助兴，有人称之为“七夕狂欢夜”。到了宋元，都市的七夕乞巧更有了浓浓的市民气息，京城里出现

乞巧市

了专门买卖乞巧物品的“乞巧市”。东京汴梁七月一日起开设乞巧市，到七夕前三日，乞巧市里人流如潮，“车马不通行，相次壅遏，不复得出，至夜方散”。

明清两代，七夕节虽不及唐宋时隆重，但民间仍然保留了大量的乞巧习俗。这一晚，少女们在庭院内摆上供案，摆好祭品，焚香祭拜，穿针乞巧，祈祷福禄寿，祈祷美满姻缘。还会在七夕的夜晚，抬头看牛郎织女银河相会，或是在瓜果架、水井边偷听牛郎织女相会时的绵绵情话。

到了民国，七夕节逐渐衰落，七夕乞巧习俗渐被淡忘。像北京大兴等地就只保留了指认牛郎织女星、听牛郎织女传说等习俗，采育等地会在此日请戏班演唱天河配等曲目。

第二节　细听传说，追七夕之情怀

中国的传统节日中，最浪漫的当属七夕。自从有了牛郎织女传说的渲染，七夕节就成为美丽浪漫的象征爱情的节日。其实，这个节日不仅与爱情有关，还与智慧有关。让我们打开历史的录音机，按下播放键，听一听七夕关于爱情与智慧的传说吧。

一、牛郎织女鹊桥相会的传说

相传，牛郎自小父母双亡，跟着兄嫂一起住在南阳城的牛家庄。嫂子为人狠毒，经常虐待他。一天，嫂子交给牛郎九头牛，并告诉他，必须带回十头牛才能回家。牛郎赶着牛进了山，坐在树下发愁。这时，有位白胡子老人忽然出现在他面前。得知牛郎的遭遇后，老人笑着说："伏牛山上有一头病倒的老牛，你去好好照顾它，等它病好了，你就可以带着十头牛回家了。"

牛郎翻山越岭来到伏牛山，找到了那头生病的老牛。他看老牛无精打采的，病得实在厉害，就打来许多捆草，连着喂了三天。老牛吃饱了，抬起头来，竟然开口说了话。老牛说自己是天上的灰牛大仙，因触犯天条被贬下凡来，摔坏了腿，没法动弹，要用百花的露水洗一个月才能痊愈。牛郎听了，不畏辛苦，清晨为老牛采集百花露水洗伤，晚上依偎在老牛身边睡觉。一个月后，老牛的伤真的全好了，牛郎高兴地赶着十头牛回了家。

从此，牛郎便与老牛相依为命。一天，老牛再次开口说话。他告诉牛郎，王母娘娘的外孙女织女要和诸位仙女一起下凡玩耍，玩累了，她们会去银河沐浴。老牛叫牛郎藏在芦苇丛里，趁机拿走织女的绿色仙衣，等织女找衣服的时候，再还给她。这样，在老牛的帮助下，牛郎认识了天上的织女，二人互生情意。织女偷偷下凡来到人间，做了牛郎的妻子，并把从天上带来的天蚕分给百姓，教他们养蚕、抽丝，织出又光又亮、冬暖夏凉的绸缎。

婚后，牛郎织女男耕女织，相亲相爱。不久，又生下一儿一女，取名金哥、玉姐，一家人过得和谐温馨。但好景不长，天帝发现织女嫁给了贫穷的牛郎，很生气，要派天兵天将把织女抓回天上去。听到这个消息，牛郎非常着急，不知如何是好。

臧克家赞颂老黄牛："块块荒田水和泥，深耕细作走东西。老牛亦解韶光贵，不待扬鞭自奋蹄。"

正在这时，老牛对牛郎说，我很快要死了，你把我的牛皮披在身上，就可以上天追织女了。然后，就咽下了最后一口气。果然，没多久，王母娘娘亲自下凡，带领天兵天将强行把织女带回天上。牛郎一见，披上牛皮，随手挑了一个担子，前面坐上金哥，后面坐上玉姐，腾云驾雾上天去追织女。眼看就要追到了，岂料王母娘娘拔下头上的金簪，在织女身后一划，一道波涛汹涌的天河就出现了。织女站在河东，牛郎站在河西，隔着银河相望而不能相聚，只能泪眼涟涟，金哥和玉姐也是失声痛哭。

后来，牛郎织女的忠贞爱情感动了喜鹊，千万只喜鹊飞来，搭成一座鹊桥，牛郎织女终于在鹊桥上相会。王母娘娘也发了善心，允许两人在每年七月七日鹊桥相会。相传，那一日晚上，你在人间看不到喜鹊。第二天，飞回的喜鹊会无缘无故地变成秃头。有人说是喜鹊不惜牺牲自己的羽毛和身体，以身作桥，填河成为鹊桥，成就了天上人间的一段美好姻缘。

喜鹊象征吉祥、恩爱、相思

二、七夕晒书的故事

相传东汉末年，司马懿博学多才，曹操请他出山做官。那时，东汉王朝风雨飘摇，国运凋零。司马懿不愿在曹操手下为官，但知道曹操权势很大，又生性多疑，不敢轻易得罪。为求自保，司马懿就假称自己有风痹病，身体行动不便，然后躲在家里，闭门不出。这一天，正好是七月七日，天气晴朗，司马懿便把家里的书籍摆出来晒太阳。过了一会儿，忽然乌云密布，暴雨如瓢泼般倾泻而下。司马懿一看，急忙从床上爬起来，亲自将外面晒的书搬进屋里。不巧的是，司马懿在暴雨中搬书的情景被家中的婢女看到了，妻子张春华唯恐司马懿装病之事泄露出来会给全家招来灾祸，就亲手杀了这个婢女灭口。

另一个晒书故事的主角是西晋名士郝隆。据《世说新语》记载，郝隆当时正在大司马桓温手下做参军，但一直没有得到重用，便辞官回乡隐居。七月七日那天，邻居家拿出家里的书籍放在太阳下晾晒，郝隆却跑到太阳底下，解开衣扣，袒胸露腹地晒太阳。人们问他："你这是干什么呢？"郝隆傲然答道："我晒书。"这一方面是蔑视晒书的习俗，另一方面也是在夸耀自己的满腹才学，晒肚皮也就是晒书了。这就是典故"郝隆坦腹晒书"的由来。

郝隆坦腹晒书

拜魁星（清）

三、七夕拜魁星的来历

魁星是中国古代神话中主宰文章兴衰、科举仕途的一位神仙，深受读书人的崇拜。相传，魁星的生日是七月七日，所以读书人每年都要在这一天到魁星阁祭拜，祈求他保佑自己科考及第、金榜题名。

传说中，魁星爷长相奇丑，脸上长满斑点，又是个跛脚，经常被人们取笑，但却志气奇高，自小用功，发愤学习。后来，他参加科举考试，竟然高中了。皇帝在殿试时，有意戏谑他，问他为何脸上全是斑点，他从容答道："麻面满天星，捧摘星斗"；又问他的脚为何跛了，他答"一脚跳龙门，独占鳌头"。皇帝见他对答机智，才学不浅，就录取了他。另一种传说是，魁星爷虽然才华横溢，却每考必败，悲愤之下便投河自尽，没想到被水里的大鳌救起，升天成了魁星。

魁星踢斗，独占鳌头

在各种艺术作品中，魁星被塑造成金身蓝面，赤发环眼，面目狰狞，头上长角的形象。他一脚向后翘起，一脚金鸡独立，立于鳌头之上，左手持一只墨斗，右手握一管朱笔，像是要用笔点定科考中举者的姓名，这就是人们常说的"魁星点斗，独占鳌头"了。据史书记载，宋代的读书人如果考中状元，会得到一副镀金的魁星杯盘；而明代会试的时候，考生也会在座位的右侧贴上魁星图，希望自己考运亨通。

七夕，就是这样一个奇妙的节日。它充满着爱情的浪漫，洋溢着读书人狂放不羁的个性，流淌着士子们企盼独占鳌头的愿望。换言之，七夕，不仅是一个有关女性追求幸福生活、男性追求金榜题名的节日，更是一个充满浪漫幻想的节日。

第三节 明晓习俗，探七夕之内涵

古代的七夕，节俗活动丰富多彩，以“乞巧”为最盛，故又名乞巧节。后来，又添加了乞富、乞寿、乞子、拜魁星等习俗，涌现出很多颂扬牛郎织女忠贞爱情的诗文，出现了《天河配》、《长生殿》等许多节令戏。七夕这日，女子要祭拜织女，男子要祭拜魁星。男女乞巧的诉求也有所不同，一般女子乞求灵巧，男子乞求智巧。当七夕逐渐成为女性特有的节日后，七夕节就不断传递古人对女性的价值要求：琴棋书画只是锦上添花的嫁人资本，织布裁衣才是闺阁女子的必备技能。

一、女子庭院拜织女

每至七夕，女子们都要祭拜织女，向她乞求智慧和灵巧。

明清拜织女，也叫拜双星。女子们会事先约好，选择庭院幽美的人家进行乞巧，大家会分摊准备祭品。各自斋戒沐浴一日。

当日，主办者在庭院里，或在葡萄架旁摆设供案。供案上摆放茶、酒、桂圆、红枣、榛子、花生、瓜子，以及用西瓜雕刻的花瓜、蜜桃等时令鲜品，还在瓶子里插上几朵用红纸束扎的鲜花，花前置一个小香炉。有些人家将胭脂之类的化妆品也要摆上去，说是献给织女用的。

七夕祭拜织女

傍晚，女子们盛装打扮，到主办者家里轮流焚香礼拜。祭拜之后跪地祈祷，默念自己的心愿，如“乞手巧，乞貌巧；乞心通，乞颜容；乞我爹娘千百岁；乞我姊妹千万年”之类，少女们祈祷长得更漂亮或嫁个如意郎君，少妇们则盼望早生贵子或得到丈夫、公婆的宠爱。

之后，要将供奉的瓜果等供品，一半投于房上供织女享用，一半大家分食。胭脂花粉也是分成两半，女子们相信使用与织女共享的化妆品，可以让自己保持青春美貌。而后，女子们吃喝畅聊、玩乞巧游戏；小女孩则根据老人们的传说，头顶红布，蹲到葡萄架底或到古井旁，去听牛郎、织女相会时的悄悄话。

穿针乞巧

古代女子的乞巧形式丰富多彩，历代各有不同。

（一）穿针乞巧

穿针乞巧是七夕节最早的乞巧方式，始于汉，史书多有记载。五代王仁裕《开元天宝遗事》说：“七夕，（宫中）妃嫔各以九孔针五色线向月穿之，过者为得巧之侯。”此夜，宫内民间，或在彩锦结成的乞巧楼，或在自家庭院，女子们借着月光星光，手执五色丝线，对着七孔针、九孔针同时穿引，谁先把线穿进针孔，谁就算是乞到了灵巧和智慧。

蜘蛛外形似“喜”字，寓意喜事连连；蜘蛛沿网下滑，预兆天降好运。

（二）喜蛛乞巧

喜蛛乞巧其俗稍晚于穿针乞巧，大致起于南北朝时期。这日，将瓜果放在庭院当中，若有小蜘蛛在瓜果上结网，就是乞得巧了。唐代，女子们会抓一只小蜘蛛放在小盒内，次日凌晨打开小盒，以蛛网的密实程度或圆正程度来占卜乞巧。

（三）浮针乞巧

浮针乞巧是明清时期盛行在京城的乞巧游戏，又叫“丢针儿”。正午时分，将一碗水放在太阳底下暴晒，待水面形成一层薄薄的水膜，女子们便将平日用的缝衣针投入碗中。当针浮在水面时，细细观察缝衣针在水下的倒影，如果有花朵、鸟兽、云彩之状，或细直如针形者，便是 “乞得巧”了。这些影子意为织女赐给她一根灵巧的绣花针，可以织绣出美丽的图案。如果水底针影粗如棒槌，或弯曲不成形者，就表示丢针的妇女是个“拙妇”，因为织女给她的是一根石杵。

丢巧针

（四）种生乞子

七夕前，在小木板上敷一层土，撒上粟米种子，等生出绿油油的嫩苗，再摆一些小茅屋、花木在上面，做成田舍人家模样，称为“壳板”；或将绿豆、小豆、小麦等浸于瓷碗中，等它长出数寸的芽，再以红蓝丝绳捆成一束，喻示得子得福，称为“种生”，又叫“五生盆”。种生不仅乞求子嗣，还蕴含祈求五谷丰登的意愿。

种生求子

（五）化生乞子

唐代七夕，人们将蜡人浮在水上，模拟婴儿出生受洗情景，以此来祈求子嗣，这就是化生。到了宋代，出现了前所未有的七夕节物——泥孩儿摩睺罗[1]，简直令宋代官民趋之若狂。摩睺罗，也叫磨喝乐，其名是梵语音译，来自佛经的神名，在佛经中属于天龙八部神之一。其形象多为“衣荷叶半臂，手持荷叶”的儿

疑似摩睺罗（藏天津博物馆）

① 摩睺罗：音为 mó hóu luó。唐、宋、元习俗，用土、木、蜡等制成的婴孩形玩具。多于七夕时用，为送子之祥物。语本梵语摩睺罗伽 (Mahoraga)。

童。宋代以后的摩睺罗，其制作材料已由蜡、泥发展为以象牙雕镂或用龙涎佛手香雕成；其大小、姿态不一，最大的高至三尺，与真的小孩不相上下；其装扮也非常精巧，手持玩具也多以金玉宝石来装饰。摩睺罗成为七夕节供奉牛郎织女的玩偶，象征着乞巧和宜男，有多子多福、祈佑吉祥、安乐圆满之意。后世，随着佛教的盛行，观音菩萨充当了送子娘娘，人们的乞子对象便由织女转向了观音，七夕的乞子仪式只在少数地区流传。

七夕节女性穿针乞巧、祈祷福禄寿、陈列花果等习俗还流传到日本、朝鲜半岛以及越南等东南亚国家。日本七夕节的主要活动是乞巧。每到七夕，大人、孩子聚在一起，在五颜六色的长条诗笺上写下愿望和诗歌，连同用纸做的装饰品一起挂在自家院内的小竹子上。日本各地每年夏天还会举办“七夕祭”和烟花大会。

二、文人庙宇拜魁星

七夕，并不仅限于女性的狂欢，男性也曾是七夕节俗活动的重要参与者。唐宋以后，男性才由台前转到幕后，开始以宽容、欣赏的角度看待七夕节日和女性狂欢。

（一）晒衣晒书

七月七日，正值秋老虎肆虐，民间有晒伏以除虫除霉的习俗。寻常百姓家要晾晒衣物，读书人家还需晒书籍。北魏贾思勰《齐民要术》说得透彻，“五月湿热，蠹虫将生，书经夏不舒展者，必生虫也。五月十五日以后，七月二十日以前，必须三度舒而展之”。至于“夏日曝书”的方法，贾思勰说，“须要晴时，

晒书翻经（金）

于大屋下风凉处，不见日处。日曝书，令书色暍[①]。热卷，生虫弥速。”可见，读书人兴师动众的晒书，不过是对付躲藏在书里的蠹虫。晒衣晒书的习俗在魏晋时最盛，唐代起就逐渐退出了七夕舞台。宋朝真宗年间，朝廷将六月六日定为天贶节，民间称为晒书节，晒书晒衣的习俗也就由七月七日改为六月六日。

（二）祭拜魁星

“拜魁星”仪式要在七夕之夜月光下举行。预先用纸糊一个魁星，并准备好祭品，或者选择直接到魁星阁祭拜。仪式开始前，先将香烛、清茶、素酒、水果、黄表[②]等祭品在“魁星”像前安置好，之后鸣炮，以便敬请魁星爷降临。然后焚香、上供、礼拜，祈求得到魁星爷的庇佑，保佑自己或者家人的考运。拜魁星之后，读书人会玩“取功名”的游戏助兴，用桂圆、榛子、花生分别代表状元、榜眼、探花三甲，手拿干果轮流掷投，滚到哪个人面前，就代表那个人取得哪种功名，直到大家都有功名为止。有时，读书人会置酒欢饮，称为“魁星宴”。等到散场时，还要将“魁星”像和香烛黄表一起烧掉。

三、各地七夕俗不同

中国地域辽阔，各地七夕节的风俗也各不相同。这里介绍一些较有特色的七夕地方风俗。

（一）拜七娘妈

闽南和台湾民间崇拜七娘妈，每年七夕都要“拜七娘妈”。七娘妈一般特指织女，又叫七星娘娘、七

拜七娘妈

① 暍：读音 yē，意思是中暑或变色等，此取变色意。

② 黄表：黄表纸的略称。

星夫人，是儿童平安和健康的守护神。传说七月七日是“七娘妈”的诞辰日，每年这一天，人们到七娘妈庙供奉花果、脂粉、牲礼等。这一天，台湾民间还流行一种成人礼，当孩子长满 15 岁后，父母会领着他带着祭品到七娘妈庙酬谢，感谢“七娘妈”保佑孩子平安健康地度过了幼年、童年和少年时代，民间称之为“做十六岁”。

染红指甲

（二）染红指甲

七夕是女性的节日，自然少不了爱美的风俗。明清时期，四川、苏州等地就特别流行染红指甲的风俗。七夕前后，爱美的女孩会采摘红色凤仙花，与明矾放在一起捣碎。然后用凤仙花汁染红指甲，再将布条缠在手指上过夜。如此三四次后，指甲上的深红颜色，可以保持很久而不褪色。当时的苏州人会染无名指尖和小指尖，甚至有人能将凤仙花染的红指甲留护到春节仍保持颜色深红。

（三）贮水沐发

南方一些地区，七夕期间曾流行着贮水洗面、沐发的习俗。七夕乞巧的同时，闺阁女子会用容器装上水，在水面上撒上各色鲜花花瓣，放在庭院当中。第二天，再用这种浸透着花香的天河水洗脸、洗发，传说具有洁净身体的神圣力量，还可以美容美发，使女子容颜美丽。“水是眼波横，山是眉峰聚”，江南女儿们更是水做的骨肉，她们随手取来寻常之“水”，将这寻常之“水”幻化为天河之“水”，给七夕节增添了浓浓的女儿色彩。

（四）抛长命线

在浙江温州等地，七夕这日，要让孩子们把端午时系在手上的“长命线”剪下，然后把“长命线”绕在各种七夕巧食上，抛向屋顶。这样，喜鹊就会衔走巧食，顺便用“长命线”为牛郎织女搭鹊桥，这就是“抛长命线”。

石榴是吉祥物，是多子多福的象征

（五）吃石榴

闽南、台湾地区非常看重保健食俗。每逢七夕临近，家家户户会买来中药使君子和水果石榴。吃过用使君子煮的鸡蛋、瘦肉、猪小肠、螃蟹，家里的成年人会叫小字辈把石榴放在门扇与门槛之间压破，然后一家人分食。这一习俗相传出自北宋名医吴云东。1034年夏令，名医吴云东看见闽南一带瘟疫流行，大人小孩都患有虫病，就倡导人们在七夕这天食用使君子、石榴。人们遵照去做，竟收到了意想不到的保健效果。于是历代相沿成俗，并随移民传到台湾，沿袭至今。

七夕养生制药

（六）养生制药

七夕，是适宜配药的日子。明清直隶地区，有在七夕作麴的习俗。麴①，就是酒母，现在还有酒曲、红曲等，它是制作酒、醋的必需品，主要用来治疗六、七月间闷热天气条件下所生的疾病，有养气、健脾暖胃、消食下气的功效。还有一些带有迷信色彩的药方，也曾广为流传。如七月七日用松树叶、柏树叶做药材，用白蜜及七月七日的露水制成药丸，有人说服用一丸可以延长十年的寿命，服用二丸可以延长二十年之类，其功效如何，只有试过的人才知道。

（七）宰鸡扣鸡

据说王母娘娘规定，天亮鸡一叫，鹊桥相会的牛

① 麴：读音是qū，意同“曲”。

郎织女就得马上分开。因此，七夕这天，在浙江金华一带，家家户户都要杀一只公鸡；在城阳地区，也有许多人家会把自己家的大公鸡从鸡窝里掏出来，用筐子扣在黑暗的屋子里。这样，没有公鸡啼鸣报晓，牛郎织女相聚的时间就会长一些，久一些。

直到今天，七夕仍是一个富有浪漫色彩的传统节日。不少地方的七夕习俗已经弱化或者消失，但有些地方却发展出具有传统内容和现代特色的七夕新节俗。比如甘肃西和，至今还活跃着传统七夕的乞巧节俗，已经形成包含坐巧、迎巧、祭巧、拜巧、娱巧、卜巧以及送巧等七个固有程式的乞巧仪式，被誉为中国古代乞巧风俗的“活化石”。而像北京市打造的七夕文化节、石家庄开展的中华情侣节，既包含鹊桥相亲活动，又宣扬了“执子之手、与子偕老”的婚姻家庭观念。这种传统节日中的“新民俗”，是社会变迁和中西文化交流的产物，也是传统节日的“古为今用”。

第四节　美食美诗，品七夕之英华

浪漫美好的七夕节，唯有美食与美诗不可辜负。品着色香味俱全的美食，再细细品味字美、声美、境美的美诗，那应算是人生一大美事。

一、七夕美食

七夕的应节食品，各地也有不同。胶东人爱吃巧果，临沂人爱吃云面，金华人要吃公鸡，老南京人却爱吃江米条。最有意思的是福州人，不仅相互赠送蚕豆，还会在月光下分啃蚕豆，谓之“咬鬼头”。原来在福州方言中，“蚕”与“缠”谐音，吃蚕豆就是把好事缠住，把亲情、友情、爱情缠在一起。而分食蚕豆就是“结缘”，蚕豆一分，多少年的积怨就都“相逢一笑泯恩仇”了。当然，在这些七夕美食中，以巧果最为出名。

（一）巧果

巧果是形式多样的美点的统称，《东京梦华录》里又称之为“笑厌儿”、“果食花样”，图样也是各种各样。宋朝时，街市上就已有乞巧果子出售。

根据制作材料的不同，巧果又分为麦面巧果和米面巧果。麦面巧果，老上海称为巧果，北京人叫做排叉。每逢七夕，人们会将糖溶成糖浆，倒入加芝麻的面粉中，和成面团。然后将面团擀薄，晾凉后切成长方形，中间切个豁口，再折成梭子形，放入油锅炸成金黄。麦面巧果香甜脆美，食后会唇齿留香，回味无穷。米面巧果又叫粉巧，一般是将糯米粉和白糖用温水拌和，放在锅里蒸熟晾凉，再加上芝麻、淀粉揉匀摊薄，切成三四寸方块，每块折成三角形，最后剪成花形，放入油锅煎炸即可。粉巧外型美观诱人，更加甜糯香美，令人流涎。

除油炸外，还有一种巧果是炉烤的。炉烤的巧果通常是用模子刻出来的，大多是几何图形，上面还有各种精美的吉祥图案花纹，如莲蓬、桃子、老虎、猫咪、猴子、大公鸡、小猪、鸣蝉等。制作的时候，先将掺有酵母、奶粉和白糖的面粉揉成面团，醒好以后搓成长条，再按模型大小将面团揪成一个个面剂子，放进模具，用手指轻轻按压，剪去多余的面，再使劲磕出来。这样，一排巧饼就做好了。最后，将巧饼放到炉中烘烤或烙熟，晾凉后用红线绳或秸草串起来，下头再缀上彩色穗子作装饰。将十几个巧果串成一串，挂在墙壁上或者小孩的脖子上，作为家庭的装饰品或是小孩子的零食。

烤炉巧果

现在，稻香村重新设计开发了七夕巧果。这种巧果选用鲤鱼、贝壳、灯笼、窗棂、叶子、葫芦和金锁七种造型，加入山楂馅、炼乳馅、奶黄馅、柚子味、樱桃味、可可榛子味、咖啡味七种味道，深受百姓喜爱。

（二）巧芽面

除了吃巧果，七夕这天还有吃巧芽面的习俗。六月三十，要选一小碗没有虫蛀的绿豆，洗净后平铺到一个盘子里，用湿纱布盖好遮住阳光，放到炕头上，每天喷几次水使之保持湿润。七天后，绿豆芽已经长到两三厘米长了。然后热锅坐油，加上肉

巧芽面

丁炒熟，再用葱姜、酱油、醋炝锅，放入绿豆芽炒熟，加水煮沸，再加盐、味精等调味，这就做成了豆芽汤。这时，就要着手做手擀面了。当然，抻面最好，它象征着抻面的女性心灵手巧。等面条煮熟，过凉水拔透，就可以把面条抓到碗里，再浇上豆芽汤，美美地饱餐一顿。七夕这天吃面，还有个特别的讲究，那就是要吃七根面。据说，面条吃七根，亲人心连心。而且，吃面条的时候，还要把两根面条扔到屋外，犒劳搭鹊桥的喜鹊。

（三）花瓜和五子

七夕祭拜织女时，会在供案上摆放瓜果等供品。一般会将普通的瓜果雕成奇花异鸟的样子，或者在瓜皮表面浮雕一些图案，这种瓜果，人们称为“花瓜”。七夕食用花瓜，除去此时正是瓜果成熟的季节，应该还蕴含特殊含意。“瓜”象征母胎，“果”含有生籽结果之意，瓜果自古就被看成多子多孙的象征。以瓜果来祭织女并最终食用，除了表示对织女保护农作物的谢意外，应该还有向织女祈求子孙的意思。

五子，一般是指桂圆、红枣、榛子、花生、瓜子五种果实。少女少妇们祭拜完织女，这五子自然也就成了她们的宵夜。“五子”的药用价值很高，桂圆养血健脾，红枣养血生津，榛子是坚果之王，花生被称为“长生果”，瓜子也有清肺化痰的功效。七夕食用五子，应是具有养生保健作用的。而且，同“花瓜”一样，五子或许也蕴含着圆圆满满、早生贵子的特殊含意吧。就像花生，不是也有“花着生”、希望儿女双全的意思吗？

桂圆

二、七夕美诗

七夕丰富的文化内涵，为诗人创作提供了素材和灵感，与此同时，诗人的珠言妙语也为七夕注入了文化元素和人文精神。七夕诗有的与乞巧风俗有关，有的与牛郎织女有关，而更多的是围绕着爱情主题来抒写，或震憾人心、或发人深省、或令人感伤。

乞巧歌

歌谣

乞手巧，乞貌巧；乞心通，乞颜容；
乞我爹娘千百岁；乞我姊妹千万年。

这是一首在民间广为流传的《乞巧歌》。歌谣以“乞”字贯穿全文，既点明主题，又易于传唱；歌谣对仗工整，具有韵律美，朗朗上口，便于记忆。从内容上看，女子们在向织女祈愿时，以乞求个人的心灵手巧、乞求自己的容颜美丽、乞求父母的健康长寿、乞求姐妹的情意绵长为主，希望婚姻家庭生活如意美满。传统社会里属于女子的天地并不大，要在这有限的空间里经营出自己的幸福，也许真的需要有一颗七曲八弯的玲珑心吧。

七夕

童谣

年年有个七月七，天上牛郎会织女。
相诉离情泪如雨，一夕相聚又分离。
若问何时鹊桥会，再等来年七月七。

虽是童谣，却通过“诉离情”“泪如雨”“又分离”“再等来年”等内容表达了牛郎织女伤离别、相思苦、盼重逢的内心情感，而且牛郎织女的形象被弱化为诗歌的背景，使得这种情感更具有普遍性，更富有感染力，使读者将心比心，感同身受。

古诗十九首 · 迢迢牵牛星

［汉］佚名

迢迢牵牛星，皎皎河汉女。
纤纤擢素手，札札弄机杼。
终日不成章，泣涕零如雨。
河汉清且浅，相去复几许？
盈盈一水间，脉脉不得语。

这首诗借牛郎、织女被银河阻隔而不得相聚的悲剧，谱写了一首爱情的悲歌，写出了人间思妇的闺怨之恨。其中，迢迢、皎皎、纤纤、札札等叠词叠出了情韵，如清澈小溪从山间流出，婉转灵动，不仅描摹了织女的姿态美，也写出了辛勤织布的织女形象。尤其是“盈盈”“脉脉”两句，叠字自然而贴切地表达了人的情思，一个饱含离愁的少妇形象若现于纸上，意蕴深沉，风格浑成。

秋夕

［唐］杜牧

银烛秋光冷画屏，轻罗小扇扑流萤。
天阶夜色凉如水，坐看牵牛织女星。

有人说，这首诗写的是失意宫女的孤独生活和凄凉心境；也有人认为，一、三句虽写暗淡幽冷之景，二、四句却使黑夜有了光，有了色彩，有了声音，有了生气，宫女那活泼的身影，纯洁的心灵，浪漫的幻想，开拓了读者的心灵，启发了人们对美好事物的向往。你认为呢？

七夕有感

［宋］梅尧臣

去年此名肝肠绝，岁月凄凉百事非。
一逝九泉无处问，又看牛女渡河归。

这是一首七夕悼亡诗。诗人梅尧臣命运多舛，妻子谢氏与他共同度过了十七载贫窘的婚后生活，在七夕之夜死于小船之上。一年之后的七夕，诗人仰望苍穹，想着牛郎织女鹊桥相会，而妻子却一去不回，不禁悲从中来。曾经发出过“织女无耻羞，年年嫁牵牛”极端论调的诗人，在遭遇丧妻之痛后，也忘却了礼义教化，忘却了济世救民的情怀，吟咏出这样一首表露世俗凡人真性情的动人诗篇。

鹊桥仙

［宋］秦观

纤云弄巧，飞星传恨，银汉迢迢暗度。金风玉露一相逢，便胜却人间无数。　柔情似水，佳期如梦，忍顾鹊桥归路。两情若是久长时，又岂在朝朝暮暮。

这是一首歌颂忠贞不渝的灵魂之爱的赞歌，是古代七夕诗词中的名篇。诗中，有伤感的相思、欢乐的团聚、愁怨的离别，但最为动人心弦之处，却是诗人摆脱自古思妇哀怨的主题桎梏，追求一种超越时空界限、具有心有灵犀默契、永存于天地的灵魂之爱。雪莱曾说：“真正的爱情，怎能被墙壁所幽禁，它能突破一切樊笼，有如电闪，以不可见的威力冲击它的牢笼。”在秦观的笔下，至死不渝的灵魂之爱同样不能被浅浅的天河所阻隔。这种爱情，不仅跨过了天河，更穿越了时空，在宇宙与人间来去自如、自由穿梭。

第七章

中元节

“道场普渡妥幽魂，原有盂兰古意存。却怪红笺贴门首，肉山酒海庆中元。”这是清代文人王凯泰的《中元节有感》，描写了福建一带在每年农历的七月十五中元节这一天到处做道场以普渡、安顿那些孤独鬼魂的场景。各家的门上贴红笺大书“庆赞中元”，并为逝去的先人设下酒肉祭品以示对先人的感恩。从此诗中，我们可以看出当时中元节宏大的场面和规模。

第一节　初识中元，寻中元之渊源

每年农历的七月十五日是中元节。中元节主要与道教和佛教有关。中元节的“中元”之名起源于北魏，是道教的说法。有些地方又俗称鬼节、施孤、亡人节、七月半。道教把天官生日正月十五日定为上元节，地官的生日七月十五日定为中元节，水官生日十月十五日定为下元节。中元节的习俗主要是遵从佛家的做法，这天，佛教徒举行“盂兰盆法会”供奉佛祖和僧人，济度六道苦难，以及报谢父母长养慈爱之恩。

一、中元节源于祖先崇拜

无论是道教还是佛教，中元节都源于浓烈的祖先崇拜，表达的就是感恩。中元节祭祖是向祖先报告秋成。中元节原是小秋，很多农作物已成熟，民间按照惯例用新面制成的面桃和新米祀祖。中国历来就是一个以农耕为主的农业大国，先人们在生产生活实践中发现万物之间存在着某种因果关系：成熟的果实离不开种子的恩惠，果实对于种子，后人对于先人，必须常怀一份感恩之情。中元节就是这样的一个节日，它表达的就是感恩。古人并不忌讳“鬼”，在古人的意识中，死亡并不意味着生命的结束，只是换了一种活法而已。人死了，就会以“鬼”的形式继续活下去，所以我们对先人，仍保有一份虔敬之心。

二、南北朝时融入佛家盂兰盆法会

中元节在南北朝时融入佛教的盂兰盆法会。据《佛祖统纪》记载，南北朝时期的大同四年，梁武帝在同泰寺设坛举行“盂兰盆法会”。盂兰盆是梵语，“盂兰”意思是“倒悬”，也就是头向下，脚向上悬挂着，比喻处境异常困苦、危急；“盆”的意思是“救器”，所以，“盂兰盆”的意思是用来救倒悬痛苦的器物，后衍生出来的含义是：用盆子装满百味五果，供养佛陀和僧侣，以拯救堕入地狱的苦难众生。这就是中元节的雏形。这一天，当时各家各户的习俗为：备下酒菜、纸钱，祭奠亡人，以示对逝去先人的怀念。到了晚上，还要在自己家门口焚香，把香插在地上，越多越好，象征着五谷丰登，这叫作“布田”。有些地方有放水灯的活动，古人认为，人为阳，鬼为阴；陆为阳，水为阴。水下神秘昏黑，使人想到传说中的幽冥地狱，鬼魂就在那里沉沦。不过后来除设斋供僧外，还增加了拜忏、放焰口等活动。放焰口就是法师敲响引钟，带领座下众僧诵念各种咒语和真言。然后施食，将一盘盘面桃和大米撒向四方，反复三次。这种仪式叫“放焰口”。从此以后，此仪式于是在民间流传开来。西晋时，《盂兰盆经》被译成汉文，因为它提倡的报答父母养育之恩，和儒家传统的孝顺父母的思想相符，深受君王的赞扬和重视，历代君王臣民多遵佛制，大兴盂兰盆会，来报答父母、祖先恩德。

盂兰盆道场

三、唐代朝廷和民间重视盂兰盆供

唐代宗李豫将这种仪式设于皇宫之内，并和其长子唐德宗李适，在每年七月十五日，亲设盂兰盆供，并举行盛大的盂兰盆会。他们设唐高祖以下七圣位，并将各位帝名写于巨幡上，从太庙迎入皇宫道场。据《法苑珠林》记载：国家大寺，如长安西明寺、慈恩寺等，也要备办供品供放于佛像之前。皇帝每年都要送盆献供，而且都要有专门的送盆官人。民间的盂兰盆会也日见盛行，当时长安百姓做各种奇妙的花蜡、花饼、假花果树等，供养在城中各寺。虔诚百姓们到此参观，是一个规模宏大的盛会。

四、宋朝及以后成为民间祭祖日

宋朝时期三教合流，七月十五这一天已演变为民间的祭祖日，家家祭祖亡亲。此时，富丽庄严的盂兰盆供、供佛和供僧的意义已减少，而为亡灵超度的意味更浓。百姓开始盛行放河灯超度孤魂野鬼。河灯也叫“荷花灯”，一般是在底座上放灯盏或蜡烛。无数盏河灯放在缓缓流动的河水中，星星点点，闪闪烁烁，给盂兰盆节留下了无尽的情思。宋代孟元老《东京梦华录》卷一说：“中元节前一日，即买练叶①，享祀时铺衬桌面，又买麻谷窠儿，亦是系在桌子脚上，乃告先祖秋成之意。”七月小秋作物有些已成熟，讲究孝道的中国人，按惯例要在供桌上摆上供品向祖先报告收成，并且请老祖宗尝新以祭祀。

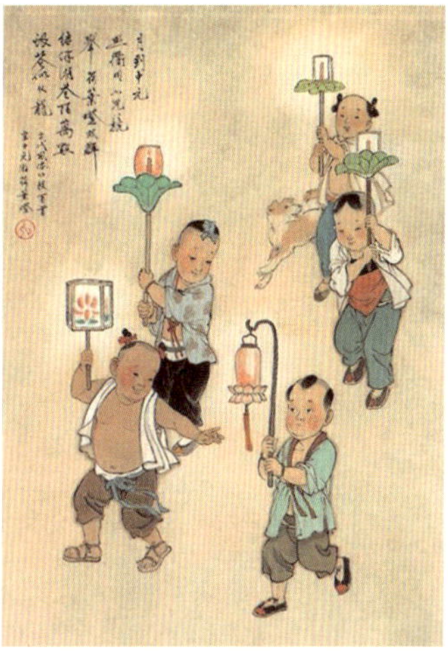

荷花灯

清代，人们更加重视中元节的祭祀活动。各地寺庙、庵、观普遍举行盂兰盆会，在街巷设高台诵经念文，上演《目连救母》，有的还有舞狮、杂耍等活动。夜晚时分，人们还把扎糊的大小纸船，放入水中，点火焚化，同时还放河灯，称之为“慈航普渡”，十分

① 练叶：一种植物的叶子，有香气。

热闹。除此之外，当时各家各户都要在门外路旁烧纸钱，以祀野鬼。

抗战胜利后，各寺庙还增加佛力普渡“抗战阵亡将士”英灵。60年代中期，北海公园还举办了最后一次中元节祭祀活动，琼海中到处都是茄子做成的河灯，非常壮观。2010年5月18日，香港特别行政区申报的“中元节（潮人盂兰胜会）”入选第三批国家级非物质文化遗产名录推荐项目名单。

时至今日，七月十五日中元节这一天，中国仍有许多地方，保持着祭祀祖先的习俗。

第二节　细听传说，追中元之情怀

大部分节日都会有它的起源和传说，人们被那些美丽的、传奇的、感人的故事和传说所吸引，口口相传，并使之得以传承，给人们平凡的生活增添一抹色彩。中元节也不例外。

一、目连救母的传说

在佛教的典故中，盂兰盆节原意是敬贺和感恩的意思，最早起源于公元前五世纪的印度。据《盂兰盆经》所记载，佛祖在世时，收了十位弟子，其中一位名叫目连①的修行者，他是佛祖释迦牟尼神通力最强的弟子，也是个十分令人敬佩的大孝子。在修行佛法的过程中，他得到了六通②，使他的智慧和身体的潜能得到了开发，有了特异功能，能够用"天眼"观察世界。

目连救母

在他得道之前，目连的父母就已经去世。因为挂念死去的母亲，目连就用天眼去看母亲在地府生活的情况。他看见母亲已经变成了饿鬼，饿得皮包骨头不成人形，在阴曹地府里日夜煎熬，十分可怜。目连特别伤心，于是就运用法力，将一些饭菜放入钵中拿给母亲吃，可是饭菜一到嘴边，就立即化为火焰，母亲

① 目连：也称大目犍莲或者木莲。

② 六通：佛教名词。亦作神通、六神通、指通过修持禅定所得到的神秘灵力。具体指"天眼通""天耳通""他心通""宿命通""神境通""漏尽通"。前五通谓之见在神通，可得也可失。只有得了第六通才称无漏神通，方可永在。

看到饭菜但却不能进食。

目连十分心痛，于是向佛祖释迦牟尼请求解救母亲的办法。

佛祖释迦牟尼告诫他说，因为他的母亲在世时，种下了不少的罪孽，所以死后就堕入地狱，要经受无尽的苦难，在饿鬼道中万劫不复，这些罪孽不是目连一人能够化解的，必须要靠十方众僧的道力才行。佛祖告诉他，在众僧修行圆满后的七月十五日这一天，以百味饮食放置于盂兰盆中供奉，并用这些食物供养十方众僧。依靠他们的感神道力和功德才能救出他的母亲。于是目连就按照佛祖释迦牟尼的指点去做，宴请十方僧侣斋食，举行大型的祭拜仪式，请他们为母亲诵经超度，早日脱离苦海；同时也为骚扰目连母亲的冤魂超度，让母亲可以得到安宁，得到快乐，以报答母亲的养育之恩。

目连救母这个故事和习俗自达摩法师传到中国后，古人认为与其请僧侣斋食，倒不如供奉供品给那些缠绕先祖的冤魂。七月十五的盂兰盆节在中国逐渐地演变为鬼节。在这一天，每家每户都摆放供品，祭祀祖先，同时也供奉附近的冤魂，以此希望家宅和顺，先祖安宁。

二、鬼节的故事

每年的七月十五日，道教称为中元节，也就是人们口中常说的鬼节。相传，“阎王爷”（即地藏菩萨）的母亲去世后到了阴曹地府，在那里受了不少折磨，地藏菩萨是个十分孝顺的儿子，看到母亲受到折磨后心中十分不忍，于是在七月十五这天竟然徇私情，让看守牢房小鬼偷偷的把牢门打开放他母亲出来。谁知这一开门不要紧，牢房中的小鬼们也都蜂拥而出跑到人间危害百姓，所以就有了“七月半，鬼乱窜”之说。那些跑回家乡的鬼魂纷纷向家人索要钱财，以便回去用来生活和打通关节，希望早日投生。后来人们把这一天就定为中元节，人们纷纷以诵经作法事等来超度孤魂，祈求鬼魂保佑家宅平安。

三、土家人包白布头巾的故事

相传，古代巴人曾在四川东南部、湖北、湖南西部一带建立过巴子国，并向四面扩张。在武陵山的土家村寨有个土家族农民覃勾，力大过人，骑马射箭，武艺高强。他的祖父和父亲因为被朝廷征苦役而死。轮到征用覃勾时，他对此义愤填膺，挺身而出，组织以土家族、苗族为主的少数民族中的几百农民，决定在七月十五日晚上起义，与当地头人展开针锋相对的斗争。为了分清敌我，覃勾决定起义军每人头上包一条五尺长的白布头巾为标记。战斗打响后，他们连续占领了不少山寨，四方纷纷响应，起义队伍逐渐壮大。于是朝廷派兵来镇压，起义军进行了殊死战斗，最终因寡不敌众，覃勾也在战场上英勇牺牲。土家族后代为了纪念这个正义的日子，纪念自己的民族领袖，又因起义的日期凑巧和其他民族的“月半节”（又称中元节）相重合，因此他们在这一天要给祖先摆供品、烧袱包、烧纸钱。男女老少都要头包白布头巾，对先祖祭奠。这一传统习俗，直到今天，在黔东北土家族地区仍然保留。

无论是目连救母，还是地藏菩萨救母，都是在宣扬提倡孝道，也就是要报答父母的养育之恩。土家人包白头巾的传说，也是在传承对祖先祭奠的一种精神。都在教我们要学会感恩，不要忘祖。

四、祭祀烧纸钱的传说

相传，东汉蔡伦发明了造纸术，天下轰动，他名利双收。蔡伦的嫂子很是嫉妒，于是就逼迫蔡伦的哥哥蔡莫也学造纸，蔡莫造出的纸又黑又粗，无人来买，堆积满屋。蔡伦的嫂子很是着急，于是心生一计。第二天，村里传出蔡伦嫂子去世的消息。于是乡亲们前去吊唁。蔡莫一边哭泣一边在妻子灵前烧起纸来，烧着烧着听见妻子在棺材里喊："开门，开开门，放我出去"。于是人们打开棺盖，蔡莫妻子在里面坐了起来，嘴里还说："阳间有钱通四海，阴间用纸做买卖。不是丈夫把纸烧，谁还肯放我回来。"后来逢人便说，我死了，小鬼把我送到阎王殿，阎王让我去受罪，在途中我丈夫烧了纸，送了钱，小鬼们就争抢起来，他们拿到了钱，就把我从地狱中放回来了。这样，蔡莫造的纸能在阴间当钱使的消息很快传开，原来堆积如山的纸于是被抢购一空。由此，烧纸的习俗就流传下来，至今民间丧祭烧的还是较黑的粗糙纸。

第三节　明晓习俗，探中元之内涵

据文字记载，中元节的习俗已有1500年的历史了。它将民间祭祀与佛、道两教文化融于一体，是中国古老传统文化的延续，有着深刻的民族文化内涵，并得到百姓的广泛重视。中元节内容丰富多元、流传范围广。民间在七月十五中元节按例都要祭祖，用新米等农作物祭供，向祖先报告秋天的收成。因此家家有上坟扫墓，放河灯、焚纸锭等祭拜祖先的习俗。

一、祭祖

中元节的习俗活动主要是祭祖。相传七月十五日是祖先回家的日子。民间相信祖先会在这一天返家探望子孙，故需祭祖。所以各家各户，不论贫富，都要准备钱币、果脯、美酒以及时令之物祭祀祖先。中元节为小秋，很多农作物已成熟，民间按照惯例要祀祖，用新面制成的面桃和新米等作为供品祭供，向祖先报告秋成。

古代祭祖风俗

中元节的祭祖活动各式各样：有家人扫墓祭祖；有在寺院做盂兰盆会祭祖；有将祭扫与放河灯合在一起祭祖；　有整个家族一起在自家祠堂祭祖的。无论是哪种祭祖，采用的供品基本上都是时令瓜果、麻谷和美酒佳肴，有的地方讲求用素食祭祖。七月十五采用新熟的瓜果和谷物祭祖，揭示了中元节的一层深意，即荐新。七月十五之时，正是瓜果、谷物新熟之际，用来祭祀祖先，让祖先品尝恰好不过，既能取秋收告成之意，更能感谢祖先神灵的保佑。

二、放河灯

放河灯

河灯又叫“荷花灯”。每年农历七月十五日晚上，人们做河灯放人水中，传说可为屈死冤魂引路。河灯的制作极其简单，人们用大约三寸长的正方形厚纸作为河灯的底座，然后把一根长约三寸的芦苇茎中间穿一个眼，用竹签钉在河灯的底座上，再用红白纸折成正方形将灯糊好，也可以用各种颜色的纸剪成荷花瓣的形状，糊到底座上，中间放一根油纸捻，或在底座上放灯盏或蜡烛，河灯就算成功制作完成。在中元夜将河灯放在江河湖海之中，任其漂泊，相信它们最终流入大海。放河灯的目的，是普渡与祈祷。众所周知，黄河是我们的母亲河，中元节在黄河里放河灯最为壮观。

三、放焰口

佛教中形容饿鬼渴望食物，口吐火焰叫做焰口。因而和尚向饿鬼施食叫放焰口。当天，人们先在街口村前搭起法师座和施孤台，并在法师座前供着地藏王菩萨，相传地藏王菩萨是超度地狱鬼魂的。其下供着用新面制成的面桃，新米，施孤台上立着三块灵牌和招魂蟠。正午已过，人们把全猪、全羊、鸡、鸭、鹅及各式发糕、果品等摆到施孤台上。主持人在每件祭品上分别插一把蓝、红、绿的三角纸旗，上书“盂兰盛会”、“甘露门开”等字样。仪式在庄严肃穆的庙堂音乐中开始。众僧诵念经文和真言，然后施食，把面桃和新米撒向四方，重复三次。民间把这种仪式叫“放焰口”。

四、烧纸

在中元节，漂泊在外的游子，外出打工的人，也会思念逝去的亲人。但是他们不能回家祭祖，只能在异地借助烧纸来祭祖。据传说，阳间的纸就是阴间的

唐·送穷

钱，人们烧纸就是给亡故的先辈亲人送钱。他们在七月十五之前或当天的夜晚，选择四通八达的十字路口，在地上先画一个圆圈，圆圈不能完全闭合，要有出口，把祭祖的纸钱放到圆圈里，嘴里要称呼着逝去亲人，告诉他们拿钱来等等，通常烧纸时要留下几张在圆圈外焚烧，目的是给无家可归的野鬼一些施舍，它们就不会去抢劫送给其祖先的钱了。

五、面塑

七月十五节前，晋北地区，民间妇女盛行面塑活动。家家户户蒸花馍，街坊四邻都来帮忙。首先要根据家庭的实有人数，为每个人捏一个大花馍。给小辈的花馍要捏成平型，称为面羊，取意羊羔吃奶双膝下跪，希望小辈不要忘记父母的养育之恩；给老辈的花馍要捏成人型，称为面人，意喻儿孙满堂，福寿双全；送给平辈的花馍，要捏成鱼型，称为面鱼，意喻连年有余。

六、吃鸭

农历七月十五中元节这天，全国很多地方都会选择吃鸭子。为什么呢？说法一：原来“鸭”就是“压”，取其谐音，吃鸭子是为了压住“魂灵”。东莞人一般会吃莲藕煲鸭。说法二：传说去世的祖先会在中元节这一天回家探亲，要过奈何桥，但没有船过不了。古书上记载：人为阳，鬼为阴；陆为阳，水为阴。于是，活着的人要送些鸭子下去，好让鸭子游泳载他们回来，久而久之，也就形成了传统，一到中元节就要吃鸭子。说法三：鸭子是用来祭拜用的。祭拜祖宗时，所用的纸钱、衣物是要靠鸭子驮过奈何桥的，所以中元节时

宋·佚名《乳鸭图》

一定要吃鸭。民俗专家认为，中元节之所以要吃鸭子，是因为中元节时鸭子正当季，正好用来祭祀，用鸭血来祭拜祖先。

七、做茄饼

民间认为，茄饼可以成为已故祖先前往盂兰盆会的干粮。每到中元节这天，老南京人家家户户做茄饼，也就是把新鲜茄子切成丝，和上面粉，用油煎炸。

八、吃扁食

在江苏省的东县乡，很多乡民在中元节当天都会吃一种以面粉和糖做成的畚箕形状的食品，当地人称为扁食。这种扁食皮薄馅大，晶莹剔透，十分鲜美。北方地区一般将之称为馄饨。

九、吃饺饼

在浙江省台州市的天台，中元节他们会吃“饺饼”，一种类似于春卷的食物。相传，饺饼筒是济公所留下来的：济公在国清寺为僧时，见每一餐都剩下许多菜，觉得很浪费，就把这些菜裹在一张薄薄圆形的皮里供下一餐再食用，这种做法受到了众僧的喜爱，便流传至民间。

第四节　美食美诗，品中元之英华

中元节这天除了要放河灯、上坟祭祖外，也有饮食的习俗，而且中元节吃美食寓意都是平平安安，多福多寿。同时，文人们写了大量描写中元节的经典诗词，写尽了人生的思念之情，使得这一天充满了文化意味。

一、中元美食

中元节也有属于这个节日的美食，那么中元节吃什么呢？生活中，中元节有人为了辟邪而吃，有人为了祈福而吃。下面就让我们看看中元节各地的传统食物。

（一）吃花馍

七月十五节前，晋北地区，民间妇女盛行面塑活动。家家户户蒸花馍，街坊四邻都来帮忙。首先要根据家庭的实有人数，为每个人捏一个大花馍。给小辈的花馍要捏成平型，称为面羊，取意羊羔吃奶双膝下跪，希望小辈不要忘记父母的养育之恩；给老辈的花馍要捏成人型，称为面人，意喻儿孙满堂，福寿双全；送给平辈的花馍，要捏成鱼型，称为面鱼，意喻连年有余。也有说在华北地区的农村，民间流行七月十五由外祖父、舅舅给小外甥送活羊，是因与沉香劈山救母的传说有关。沉香劈山救母后，要追杀虐待其母的舅舅二郎神，二郎神为重修兄妹之好和舅甥之谊，每年的七月十五都要给沉香送一对活羊。据说这是取二郎神和沉香之母“杨”姓的谐音，以重结两家之好。从此民间留下了舅舅送活羊的习俗，后来逐渐演变为送一对面羊。

（二）吃鸭子

“鸭”就是“压”，取其谐音，吃鸭子是为了压住鬼魂。中元节吃鸭也有的是因为传说去世的祖先会在中元节这一天回家探亲，要过奈何桥，但没有船过不了。于是，活着的人要送些鸭子下去，好让鸭子游泳载他们回来，久而久之，也就形成了传统，一到中元节就吃鸭子。

还有的民俗史专家认为，中元节之所以要吃鸭子，是因为在江南农村种稻谷前，每户人家都会买上一些鸭子回来养。在割完稻谷后，他们通常把鸭子放到稻田里，让鸭子吃掉田里的稻谷粒和蚯蚓。种晚稻时，农民为了犒劳自己，开始杀鸭子过节。随着时间的推移，人们就习惯在这天吃鸭子了。

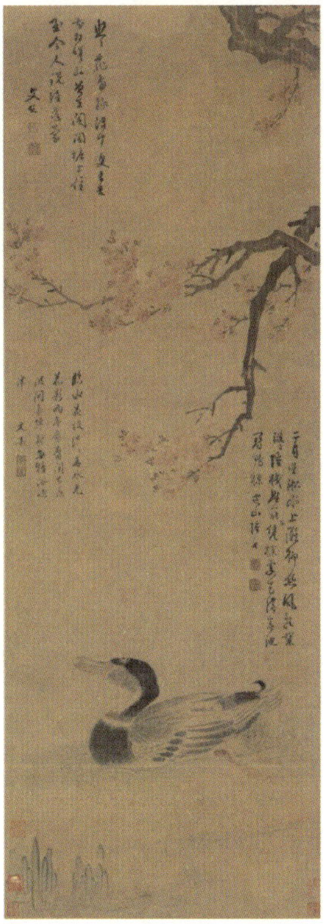

明 · 陆治《红杏野凫图》

（三）吃濑粉

中元节在广东东莞有吃濑粉的习俗。东莞最出名的是烧鹅濑。烧鹅濑，最讲究的是一锅美味的高汤，那得用整只鸡、大块肉、大块骨，加许多特种药材和香料熬制。吃的时候，将濑粉在热水中烫一烫放入碗中，然后加上一大勺高汤，上面再铺上一层皮脆肉嫩的烧鹅。本就鲜美的汤中浸入了烧鹅的香味，更是美味诱人。烧鹅腿皮脆肉香，让人垂涎欲滴；濑粉则爽滑，略有弹性。最后你绝对不能错过的是那碗汤。汤是用红枣等中药材熬制而成，又渗入了烧鹅肉的浓香，饮起来清甜而别有风味。

（四）吃扁食

中元节当天，在江苏省的东县乡，很多乡民都会吃扁食（一种以面粉和糖做成畚箕形／簸箕形的食品）。

（五）吃饺饼

中元节的时候，在浙江省台州市的天台，他们会吃“饺饼”，一种类似于春卷的食物。

二、中元美诗

中元佳节，人们都会思念离去的亲人，更是以诗句寄托自己的情怀。

中元夜

［唐］李郢

江南水寺中元夜，金粟栏边见月娥。
红烛影回仙态近，翠环光动见人多。
香飘彩殿凝兰麝，露绕青衣杂绮罗。
湘水夜空巫峡远，不知归路欲如何。

中元夜彩灯如金如粟，红烛光照辉映，古人的中元节竟是如此热闹繁华，只是不知道，今夕，归去的路途在哪里呢？

中元

［宋］徐集孙

今朝逢令节，依旧客殊乡。
禅衲同分席，清斋若过堂。
江茶浮水色，野菜带山香。
忽忆三秋菊，谁锄小迳荒。

中元节来临，作者不能回乡与家人团圆，只能在独在异乡为异客。禅院中煮茶烧菜，倒也安闲，不过想到秋天来临，菊花怒放时节，是谁带锄在小径之上呢？

醉和颜美中元夕绝句

［宋］赵鼎

年年人月喜团圆，好在诗边又酒边。
莫道玄风只渔钓，也随世俗夜无眠。

中元节之所以为佳节，一则可以助诗兴，二则可以促酒兴。诗酒风流，好不快活！习俗的事情且不去管，只消得闲来垂钓，静候夜明。

长安杂兴效竹枝体

［清］庞垲

万树凉生霜气清，中元月上九衢明。

小儿竞把青荷叶，万点银花散火城。

小儿持灯月下漫游，路过之处皆生光亮。正直中元节，愿这些许灯火，普度众生，寄送亡魂，照亮回家的路途。

第八章

中秋节

“海上生明月，天涯共此时。”“但愿人长久，千里共婵娟。”诗人张九龄的《望月怀远》和词人苏轼的《水调歌头》都是中秋节望月怀思的名篇。在中秋节之夜，人们仰望天空中如玉的明月，期盼与家人的团聚。同时希望世上所有人都能平安健康，即便相隔千里，也能共享这美好的月光，远在他乡的游子也借此寄托自己对故乡和亲人的思念之情。

第一节　初识中秋，寻中秋之渊源

每年农历八月十五为中秋节，又称月夕、秋节、仲秋节、八月节、八月会、追月节、玩月节、拜月节、女儿节或团圆节，是流行于中国众多民族和东亚诸国的传统文化节日。

一、中秋节起源于古代天象崇拜

中秋节是远古天象崇拜——敬月习俗的遗痕。根据史籍记载，“中秋”一词最早出现在《周礼》中。周代已有“中秋夜迎寒”、“中秋献良裘”、“秋分夕月（拜月）”的活动。根据我古代历法，一年有四季，每季三个月，分别称为孟月、仲月、季月。秋季在七、八、九三个月，所以八月叫仲秋。又因农历八月十五日，在八月中旬，故称之为“中秋”。中秋节的主要活动是围绕“月”进行的，又称“月节”“月夕”；中秋节月亮圆满，象征团圆，又叫“团圆节”。

二、唐宋中秋盛行赏月拜月

魏晋时期，民间中开始有中秋赏月活动，但未成习。赏月的风俗来源于祭月，严肃的祭祀变成了轻松的欢娱。书中有记载“谕尚书镇牛淆，中秋夕与左右微服泛江。”当时谕尚书镇守牛淆，中秋节的晚上，他和随从人员，换上平民便服乘船游江。从此中秋节的雏形开始呈现。

拜新月

胡饼，一种流行于唐代的面食，饼上沾满芝麻，故称胡饼。

直到唐朝初年，中秋节才逐渐定型。以赏月活动为中心的中秋民俗活动才正式形成。民间才开始盛行过中秋节。《唐书·太宗记》记载有“八月十五中秋节”。在唐代，中秋赏月、玩月颇为盛行，许多诗人的名篇中都有咏月的诗句。唐朝时开始流行吃胡饼，这就是月饼的雏形。最初的月饼是起源于唐朝军队祝捷食品。唐高祖年间，大将军李靖征讨匈奴得胜，八月十五凯旋而归，当时经商的吐蕃人向唐朝皇帝献胡饼祝捷。太宗李世民大喜，随即说道：“应将胡饼邀蟾蜍”，于是将彩色的胡饼分给文武百官，他和群臣一起吃胡饼赏月亮。

宋朝时，中秋节开始盛行。北宋太宗年间，朝廷正式定八月十五日为中秋节，取意于三秋之正中，届时万民同庆。与唐人不同，宋人赏月更多的是感物伤怀，常以阴晴圆缺，喻人情事态，即使中秋之夜，明月的清光也掩饰不住宋人的伤感。此时出现“小饼如嚼月，中有酥和饴”的节令食品。孟元老《东京梦华录》说：“中秋夜，贵家结饰台榭，民间争占酒楼玩月”。每逢这一天，京城的所有店家、酒楼都要重新装饰门面，牌楼上扎绸挂彩，店家出售新鲜佳果和精制食品，酒楼售卖新酒。百胜要到酒楼买酒回家欢度佳节。夜市更是热闹非凡，人们多登上楼台赏月。大户人家在自己的楼台亭阁上赏月，同时在桌子上摆上许多食品或安排丰盛的家宴，子女团圆，共同赏月叙谈。

拜月祈愿也是南宋中秋的主要习俗。《新编醉翁谈录》记述“倾城人家子女，不以贫富，能自行至十二三，皆以成人之服服饰之，登楼或中庭焚香拜月，各有所期；男则愿早步蟾宫，高攀仙桂；女则愿貌似嫦娥，圆如皓月。”已婚夫妇愿多生贵子。

三、元代中秋更具民族意义

元朝末年，中秋更具有民族意义。当时有个故事流传甚广。据说当时中原的广大人民忍受不了元朝的残酷统治，纷纷起义。朱元璋联合各路反抗力量准备起义。但朝廷官兵搜查得十分严格，消息很难传递出去。军师刘伯温想出一计，命令手下将写有“八月十五夜起义”的纸条藏在月饼里，分发给起义军，通知他们响应起义。起义成功后，为了纪念这个日子，让官兵与百胜同乐，便把月饼作为节令糕点赏赐群臣。从此月饼便开始作为中秋节的馈赠佳品。

四、明清中秋成为四大节之一

明清时期，中秋节已与元旦齐名，成为中国的主要节日之一。明清两朝的赏月活动，盛行不衰，但此时的月神形象发生了很大变化。早期中秋节的形象多是以纯道教色彩为主的嫦娥月宫图景，到了明清两朝，演变为佛、道两教交融的月光菩萨与捣药玉兔同在的世俗形象。这个时期，人们供奉绘有月光菩萨的月光纸，也叫“月光马儿”。富察敦崇就曾在《燕京岁时记》记载：“月光马者，以纸为之，上绘太阴星君，如菩萨像，下绘月宫及捣药之兔。”

明清以来，月宫玉兔逐渐从月崇拜的附属物中分离出来，在祭月仪式中形成了独立的形象，并逐渐丰富。人们根据月宫里嫦娥玉兔的传说，用泥巴塑造成各种不同形式的兔儿爷，把玉兔进一步艺术化、人格化，乃至神化。兔儿爷兼具神圣和世俗的品性，融祭祀和游乐的功能于一体。《礼记》记载：“天子春朝

明 · 张路 《月殿嫦娥图》

日，秋夕月。朝日之朝，夕月之夕。”这里的夕月之夕，指的正是夜晚祭祀月亮。这种风俗不仅为宫廷及上层贵族所奉行，随着社会的发展，也逐渐影响到民间。每到中秋节前，北京东四牌楼一带，常有兔儿爷摊子，专售中秋祭月用的兔儿爷。它虽为拜月的供品，但实际上也是孩子们的绝妙玩具。自此以后，中秋节的习俗主要就是赏月、买兔儿爷，吃月饼和团圆饭。

如今，每逢中秋，全家人便团聚在一起，在庭院、楼台上，摆出月饼、柚子、石榴、核桃、花生、西瓜等果品，一边赏月，一边畅谈，直到皓月当空，再分食供月果品，其乐融融。

随着社会历史的发展，中秋节祭月和拜月的习俗被淡化了，更多的寓意是反映了人们对家人团聚的美好愿望，也是对亲朋好友深深的思念。中秋节已由祭月和拜月演变成了集赏月、吃团圆饭为一体的传统节日。

第二节　细听传说，追中秋之情怀

中秋节被喻为最有人情味儿、最富诗情画意的一个节日。在一轮明月当空高挂的时刻，人们月下聚餐赏景，饮酒作诗，尽享天伦之乐。此时，嫦娥奔月，吴刚伐桂，玉兔捣药等被人们津津乐道的神话传说，更增添了中秋佳节的文化韵味。

一、嫦娥奔月的传说

相传远古时，天上出现了十个太阳，烤得庄稼枯死，海水枯竭，民不聊生。这事惊动了一个叫后羿的英雄，他力大无穷，非常同情受苦的百胜。于是他登上昆仑山顶，运足神力，拉开神弓，一口气射下了九个太阳，并严令最后一个太阳按时起落，解救百姓于火热之中。后羿因此受到百姓的尊敬和爱戴。不少名人志士慕名前来拜师学艺。不久，他还娶了个美丽的女子为妻，她的名字叫嫦娥。

有一天，后羿到昆仑山访友求道时，碰巧遇到由此经过的王母娘娘。于是他便向王母娘娘求得一包长生成仙药。据说服下此药，就能即刻升天成仙。然而，后羿舍不得抛下美丽闲良的妻子嫦娥，就只好暂时将长生成仙药交给嫦娥，嫦娥将它保管，珍藏在她梳妆台的百宝盒中。

不料，此事被后羿的门客蓬蒙得知。心术不正的蓬蒙趁后羿率其他众徒外出狩猎之时，手持宝剑闯入

后羿的内宅后院，威逼嫦娥交出长生成仙药。嫦娥知道不是蓬蒙的对手，她在危急之时，当机立断，在百宝盒中取出长生成仙药一口吞了下去。嫦娥吞下药后，身体立刻飘离地面，向天上飞去。由于嫦娥牵挂丈夫，便飞落到离人间最近的月亮上成了仙。

后羿狩猎回来后，侍女们向他哭诉了一切。后羿悲痛欲绝，仰望夜空呼唤爱妻的名字。这时，他惊奇地发现，当天晚上的月亮又大又圆，特别皎洁明亮，而且有个晃动的身影非常像嫦娥。于是后羿向天空中追去，但无论如何，他也追不到。于是，后羿急忙命人摆上香案，放上嫦娥最爱吃的蜜食鲜果，遥祭在月宫里的嫦娥。百姓们闻知嫦娥奔月成仙的消息后，纷纷也在月下摆上香案，向善良的嫦娥祈求吉祥平安。从此，中秋节拜月的风俗在民间传开了。

明·唐寅《嫦娥执桂图》

二、吴刚折桂的传说

《山海经》中，吴刚叫吴权，西河人。炎帝的孙子伯陵，趁吴刚离家三年学仙道，便和吴刚的妻子私通，还生了三个儿子。吴刚一怒之下杀了伯陵，因此惹怒太阳神炎帝，于是便把吴刚发配到月亮上，命令他砍伐不死之树——月桂。

月桂高达五百丈，吴刚每次砍下去之后，被砍的地方又立即合拢。炎帝就是利用这种永无休止的劳动对吴刚进行惩罚。而吴刚的妻子对丈夫的遭遇感到很内疚，便叫三个儿子鼓、延和殳斨，飞往月亮，陪伴吴刚度过那漫长无尽的清冷岁月。三个儿子中，鼓变成了“蟾蜍”，延变成了“小兔”，殳斨[1]变成了“不

① 殳斨：音 shū qiāng。《山海经》中讲，殳斨是炎帝之孙伯陵与吴权的妻子私通，生的第三个儿子。

详”天癸[1]。从此，鼓、延开始在月宫中制造钟、磬，制定谱曲的章法。殳斨开始制作箭靶，所以寂寞的广寒宫时常仙乐飘飘。后世传说，唐明皇漫游月宫的时候把这些游乐曲记录下来，回到人间，创作了《霓裳曲》。

三、玉兔捣药的传说

传说很久以前，有一对修行千年的兔子，得道成了仙。它们有四个可爱的女儿，个个生得纯白伶俐。

一天，玉皇大帝召见雄兔上天宫，它依依不舍地告别妻儿，踏着云彩到天宫去了。当它来到南天门时，看到太白金星带领天将押着嫦娥从身边走去。兔仙不知发生了什么事，就问旁边一位看守天门的天神。听完她的遭遇后，兔仙觉得嫦娥无辜受罪，很同情她。但是自己力量微薄，能帮什么忙呢？想到嫦娥一个人关在月宫里，多么寂寞悲伤，要是有人陪伴她就好了。他忽然想到了自己的四个女儿，便立即飞奔回到家里。

兔仙把嫦娥的遭遇告诉雌兔，并说想送一个孩子去陪伴嫦娥。雌兔虽然深深同情嫦娥，但是却舍不得自己的宝贝女儿，这等于是割下她心头的肉啊！几个女儿也舍不得离开父母，一个个泪流满面。雄兔语重心长地说道：“如果是我孤独地被关起来，你们愿意陪伴我吗？嫦娥为了解救百姓，受到牵累，我们能不同情她吗？孩子，我们不能只想到自己呀！”

孩子们明白了父亲的心，都表示愿意去。雄兔和雌兔眼里含着泪，笑了。它们决定让最小的女儿去。

① 天癸：音 tiān guǐ。天癸是促进与维持男女性机能的物质，在男子即为精，在女子则为血。

于是小玉兔告别父母和姊姊们，到月宫陪伴嫦娥捣药了！

汉乐府《董逃行》中书：相传月亮之中有一兔，浑身洁白如玉，故称“玉兔”。这只白兔拿着玉杵，跪地捣药制成蛤蟆丸，服用此药丸可长生成仙。

四、玄宗游月的传说

相传唐玄宗、申天师和道士鸿都中秋望月，突然玄宗有了想游月宫的念头，于是天师作法，三人一起步上青云，漫游月宫。但宫前守卫森严，无法进入，只能在外俯瞰长安皇城。此时，忽闻仙声阵阵，清丽奇绝，宛转动人！唐玄宗素来熟通音律，于是默记心中。并说“此曲只应天上有，人间能得几回闻！”日后玄宗回忆月宫嫦娥的歌声，自己又谱曲编舞，这便是历史上有名的“霓裳羽衣曲”。

《唐明皇游月宫立轴》

第三节　明晓习俗，探中秋之内涵

每年农历八月十五是中国传统的中秋节。它起源于古代人们对月的崇拜，一切活动均围绕着月亮这一主题。中秋时节，秋高气爽，是一年中最舒服的季节。各地都有自己的中秋习俗，但人们最主要的活动是祭月、拜月、赏月、吃月饼和观花灯等。

一、中秋祭月

祭月源于远古初民对月的崇拜，历史悠久，是一种十分古老的习俗，古代的“秋暮夕月”即是祭拜月神，表达人们祈求月神降福人间的一种美好心愿。据史书记载，早在周朝，古代帝王就有春分祭日、夏至祭地、秋分祭月、冬至祭天的习俗。祭月的场所称为月坛。北京的月坛就是明清皇帝祭月的地方。像月日这样的代表阴阳的天地大神，只有皇家才能与之沟通，祭月仪式被列入皇家祀典。

所谓“日者，阳之主”，“月者，阴之宗也”。在先人的观念中，月日代表着阴阳两极，两者和谐是万物正常生长的保证。所以先人十分重视祭祀日月。在春秋末年《周礼》中就有记载先人在中秋夜击鼓奏乐，祭月迎寒的场面。每三年一大祭，遇丑、辰、未、戌年，皇帝亲自在月坛祭月。其他年份则派文臣代祭日，遣武臣代祭月。在古代一般用牛祭日，用羊猪祭月。

随着社会的发展，祭月也逐渐影响到民间。礼仪式的皇家祭月行为变成了大众化的民俗活动，并逐渐形成了一种风俗沿续下来。每当中秋月亮升起，人们在露天设置香案，将月饼、石榴、枣子等供于香案上，沐浴更衣拜月后，全家人围桌而坐，边吃边谈，共赏明月。

宋代起中秋祭月习俗开始成为乞求月神赐福，男人求功名利禄，女人则求貌美如仙。

明清时期，中秋祭月形成了一套相对固定的祭拜仪式。即中秋节之夜，人们面向月出方位摆设祭案，并且在祭案上摆放月饼、石榴、西瓜等圆形供品，西瓜还要切成莲花状，对月拜祭。而后焚月光纸，分食祭祀供品。

在民国期间祭月活动仍然风行，解放后祭月活动淡化，大部分地区只有赏月吃月饼而不祭月了。祭月拜月活动已被规模盛大、多彩多姿的群众赏月游乐活动所替代。

二、中秋拜月

东汉末年歌女貂蝉，国色天香，相貌倾国倾城。传说她的降生，使得当地桃花、杏花三年间即开即凋。貂蝉午夜拜月，月里嫦娥自愧不如，匆匆隐入云中。貂蝉身姿俏美，细耳碧环，走起路来像风摆杨柳，婀娜多姿；安静时风雅犹存，貂蝉的美丽，世间少有。正是因为这种美貌，让弄权作威的董卓、勇而无谋的吕布反目成仇。后来民间的女子也效仿貂蝉拜月，祈盼自己也能有闭月羞花的容貌。

三、中秋赏月

中秋赏月，是指八月十五中秋节观看满月。传说，为了不让后羿从王母娘娘那里得到的长生成仙药落入心术不正的蓬蒙之手，嫦娥将药吞服后升天奔月，恰巧是农历八月十五，其夫后羿和百姓因思念她，而在这一天赏月、吃月饼，盼她归来与后羿团圆。

民间中秋赏月活动约始于魏晋时期，盛行于唐代，宋代达到巅峰。据《东京梦华录》描述：每逢中秋节，京城的所有商家都要重新装饰门面，牌楼上扎绸挂彩，出售新鲜佳果和精制食品，夜市热闹非凡，百姓们多登上楼台赏月叙谈。

中秋赏月

明清以后，中秋节赏月风俗依旧，许多地方形成了烧斗香、放天灯、舞火龙等特殊风俗。

碧空如洗，圆月如盘。人们在尽情赏月之际，赋予它更多的文化内涵。人们会在赏月的同时，情不自禁地想念远游在外、客居异乡的亲人！人们观赏一轮皎洁的满月时，又会联想到光明磊落的人格、美好的团圆生活，而更多的是对未来美好生活的憧憬和向往！

四、中秋吃月饼

在中秋节人们都有吃月饼的习俗。月饼最初是用来祭奉月神的祭品，据说中秋节吃月饼的习俗始于唐朝。那时只是一种贡品，确切地说叫胡饼。北宋之时月饼在宫廷内流行，后来流传到民间。当时俗称“小饼”和“月团”。“月饼”一词，最早见于南宋吴自牧的《梦粱录》，那时，它是一种像菱花一样的饼形食品。发展至明朝，月饼才多是圆形的。当时心灵手巧的饼师，把嫦娥奔月的神话故事作为食品艺术图案印在月饼上，使月饼成为人们倍受青睐的中秋佳节必备的食品。后来人们逐渐把中秋赏月与品尝月饼结合在一起，寓意家人团圆。

清代，中秋吃月饼已成为一种普遍的风俗，且制作技巧越来越高。清朝诗人袁枚在《隋园食单》中就有记载，“酥皮月饼，以松仁、核桃仁、瓜子仁和冰糖、猪油作馅，食之不觉甜，香松柔腻，迥异寻常”。

到了近代，有了专门制作月饼的作坊，月饼的制作越来越精细，外型更美观，馅料也更为考究。在月饼的外面还印有各种精美的图案，如“嫦娥奔月”、“银河夜月”、“三潭印月”等。以月圆预示人团圆，以饼圆预示人常生，用月饼寄托思念故乡，思念亲人之情，祈盼丰收、幸福是天下人们的心愿。月饼还被用来当作礼品送亲赠友，联络感情。

五、中秋观花灯

北宋《武林旧事》中记载，在中秋节之夜，就有将“一点红”灯放入江中漂流玩耍的习俗。中秋玩花灯，赏花灯，大多数都集中在江南水乡一带，放逐一盏花灯在江中，它寓意着将祝福带给远在异乡的亲人。中秋节的花灯多种多样，有稻草灯、鱼鳞灯、西瓜灯、芝麻灯、稻壳灯、瓜籽灯及鸟兽花灯等。人们除了将一些花灯放逐于江河之中，有时也可以将一些花灯挂在树上以便供人欣赏，各种各样的花灯精致小巧，美轮美奂，令人赞叹，流连忘返。

六、中秋喝桂花酒

八月十五，桂花飘香。桂花是富贵吉祥、子孙昌盛的象征。中秋节饮桂花酒寓意家庭甜蜜、富贵吉祥。在中秋团圆之日，人们仰望着月中丹桂，闻着阵阵桂花香，喝上一杯甜香的桂花酒，是节日里一种极美的享受。合家一起欢庆，甜甜蜜蜜，酒香意更浓。

七、中秋观潮

宋代大诗人苏轼《八月十五日看潮》中记载，“定知玉兔十分圆，已作霜风九月寒。寄语重门休上钥，夜潮留向月中看。”由此得知中秋观潮的习俗由来已久。在古代，浙江一带除中秋赏月外，观潮可谓是另一个中秋盛事。《武林旧事》中就描述了潮水震撼天地的磅礴气势。

钱塘弄潮

千百年的时光过去了，只有涛声依旧。时至今日，钱塘江观潮仍是浙江中秋节最具特色的民俗活动，吸引了全国各地游客和海外众多的炎黄子孙。

八、中秋猜灯谜

猜灯谜

中秋月圆之夜，人们聚集在一起猜灯谜。青年男女非常喜爱的这项活动，他们可以利用灯谜把爱情佳话传递给心仪的对象，因此在中秋节青年男女可以通过猜灯谜来相恋。和中秋节相关的谜语有：举头望明月（打一中药名）——当归；明月照我还（打一明代人名）——归有光；十五的月亮（打成语）——正大光明等等。

九、拜吉祥物兔儿爷

兔儿爷，流行于北京的儿童玩具

在老北京，每逢八月十五中秋节都有拜兔儿爷的习惯。据说在古代，人间曾经有一次大瘟疫，疾苦的百姓们看不起病。月宫里的玉兔听说此事后，下凡到人间为百姓看病。但它的样子把百胜都吓跑了。于是兔子穿上人的衣服，变成人的样子，拿着药杵给人看病。百姓为了记住兔儿爷的大恩大德，将其拟人化。民间艺人用泥或面捏成兔儿爷的样子，用彩绘使之披金戴甲、穿上大红战袍，背后插着令旗，粉红色的脸蛋儿透着英气。老北京人在中秋节请来一尊兔儿爷摆桌上，可以保佑家人平安。后来，兔儿爷的功能由祭月转变为儿童中秋节的玩具。老舍先生在《四世同堂》里这么描写过："脸蛋上没有胭脂，而只在小三瓣嘴上画了一条细线，红的，上了油；两个细长白耳朵上淡淡地描着点浅红；这样，小兔的脸上就带出一种英俊的样子，倒好像是兔儿中的黄天霸似的。"

十、中秋烧塔

传说烧塔起源于元朝末年，汉族人民反抗残暴的元朝统治者，在中秋起义时举火为号，后来演变为烧塔。中秋夜烧塔在福建泉州一带很盛行。人们用碎瓦片砌成30公分到一米左右的塔，塔的顶端留一个口，供投放燃料用。中秋夜晚，人们用火将里面的燃料点燃，火旺时泼松香粉，引焰助威，极为壮观。民间还有烧塔比赛，谁能将瓦塔烧得全塔红透就获胜，谁的塔在燃烧过程倒塌就以失败告终。主持人给优胜者发彩旗、奖金或奖品等。

十一、中秋吃桂花鸭

江苏南京人在中秋节除了吃月饼外，一定要吃金陵名菜——桂花鸭。"桂花鸭"肥而不腻，味美可口。进餐时再配上桂花酒，酒后必吃一个浇有桂花浆的小芋头，美不待言。南京人将饭后合家赏月称"庆团圆"，团坐聚饮叫"圆月"，出游街市称"走月"。

中国地大物博，民族众多，有些地方形成一些特殊的中秋习俗。除了祭月、赏月、吃月饼外，还有香港的舞火龙、安徽的堆宝塔、广州的树中秋、苏州石湖的串月、傣族的拜月、苗族的跳月、侗族的偷月亮菜、高山族的托球舞等。

第四节　美食美诗，品中秋之英华

“八月十五月正圆”，月圆人团圆。中秋佳节，美食美景正当时。在形成中国丰富多彩的中秋饮食风俗的同时，人们还借景抒情，吟诵出许多脍炙人口的中秋美诗。中秋美食寓意人之团圆，中秋美诗更是祈盼团圆、幸福，令万古传诵。

一、中秋美食

八月十五正值人们辛勤劳作后收获的季节，家家都要置办美酒佳肴，人们怀着丰收喜悦的心情，欢度佳节。围绕着中秋节，许多传统的节令食品都有很好的寓意，流传至今。

（一）吃月饼

中秋佳节吃月饼，是中国流传已久的传统风俗。

“月饼”始见于南宋《武林旧事·蒸作饮食》。人们把月饼和赏月结合在一起，取中秋团圆之意。到了元朝末年，月饼已成为中秋佳节的美味糕点。

月饼的品种已异彩纷呈，月饼分为两大类：传统月饼和非传统月饼。

传统月饼在制作时，要在面粉中加入少许的绵白糖温水混合成团，室温下醒 4 个小时；然后将面团分成小块搓圆，将事先糗好红豆沙或绿豆沙也搓成圆形，皮和馅的比例是 2:8；面皮压扁，中心放上豆沙，包裹住豆沙，团成球形；在圆球面团上拍一点儿面粉或

油，把圆球面团放进月饼模子；最后在烤盘垫上一张锡纸，放上月饼烤熟即可。

传统月饼按产地分有：京式月饼、广式月饼、苏式月饼、台式月饼、港式月饼、晋式月饼甚至日式月饼等。

（二）品莼菜鲈鱼

莼菜炖鲈鱼

杭州的莼菜鲈鱼是中秋家宴上的必不可少的一道美味菜肴。中秋时节，鲈鱼味道鲜美，人们常用它和莼菜一起烧制菜肴。

据说，晋代张翰在洛阳做官，见秋风起，不由思恋起家乡的“菰菜莼羹鲈鱼脍”，便说道，“人生贵在得志，何能羁宦数千里，以要名爵乎？”于是辞官还乡。自此，莼菜便成了游子思乡的象征。从古至今，莼菜美味令很多游子魂牵梦萦。大文豪白居易也写过“犹有鲈鱼莼菜兴，来春或拟住江东”之句。至明万历年间，莼菜鲈鱼烩被列为贡品，上献朝廷。

（三）饮桂花酒

在南方，中秋宴多以桂花酒佐食，人们认为桂花是富贵吉祥、子孙昌盛的象征。中秋喝桂花蜜酒，寓意合家欢聚一堂，甜甜蜜蜜。

史料记载，战国时期诗人屈原曾经写下关于桂花的美句：“奠桂酒兮椒浆”、“沛吾乘兮桂舟”。从此可以得知，民间很早就酿制桂花酒了。饮用代表着团圆寓意的桂花酒也就成了中秋节的传统。桂花酒呈天然淡黄色、酒质清新醇和、绵甜爽净，具有独特纯天然香味，为佐食之上品。而且，长期适量饮用，具有滋养、调理、美容、养生的作用。

（四）食桂花鸭

金陵名菜桂花鸭是南京人中秋必吃佳肴。桂花鸭又名盐水鸭，是南京有名的特产，久负盛名，相传已飘香 2500 余年。八月桂花飘香，此时用桂花熬制而成的桂花鸭汤，不仅有桂花的清雅香气，还有醇厚鸭肉的鲜美，咸淡适中，能够起到美白肌肤、养生润燥，和胃生津的作用。

桂花鸭

（五） 吃烟熏鸭和麻饼

烟熏鸭是川西地区的中秋必备佳品。中秋时节鸭子已长大，肥瘦得当，非常适合烹饪。人们先把鸭子清理干净，用稻草烟熏至茶色，出炉后加上香料、食盐、糖色等，用卤水调制，即可烹制成色泽金红、肉质细嫩、烟香浓郁的烟熏鸭。

烟熏鸭

除吃烟熏鸭外，四川人还有中秋吃麻饼的习惯。麻饼是历史悠久的正宗川点。椒盐麻饼皮薄馅多、馨香味浓。配料中有花椒、食盐，使麻饼有一种微麻、略咸的特殊风味。

（六）吃团圆馍

陕西西安一带，中秋节各家必做馍，全家共吃一馍，称“团圆馍”。馍有顶、底两层，中间加芝麻。馍上层用大碗拓一个圆圈，象征中秋之夜，圆中拓刻一个吃蟠桃的“小猴子”。馍在锅里烙熟后，切成尖牙状，全家每人一牙，家人短期外出，则留下一牙。出嫁的姑娘，娘家则送馍上门，以表示不忘全家团圆。

（七）打糍粑

中秋吃糍粑，起源于春秋战国时期，是人们为纪念楚国大将军伍子胥而流传至今的传统习俗。中秋节这一天天还未亮，家里的妇女就早早地起床开始忙活了，把清洗干净的糯米倒进木甑里蒸熟。糯米饭蒸好后，由家里的男主人把木甑抬到院里，将香喷喷的糯米饭倒进石碓窝里，两个人一组开始用粑捶或木杵将糯米饭捣烂，家里的小孩们则兴高采烈地围着石碓窝观看大人们一拉一杵捣糯米，期待着能吃上香甜的糍粑。

（八）吃麦箭

麦箭是山东中秋节吃的一种应节食品。先用白面摊成煎饼，再加上肉馅或素馅，然后用秫秸卷成筒状蒸熟，吃时加上调料，味道十分鲜美。据说，中秋节当天，青岛人除了要吃好中秋晚宴外，早餐、午餐也作了改善，一般都蒸饽饽、包子，给一家人改善伙食。麦箭就是其中一种。

（九）吃南瓜

江南各地过中秋节，有钱人家吃月饼，穷苦人家有“八月半吃南瓜”的风俗。

传说很久很久以前，南山脚下住着一户穷苦人家，双亲年老，膝下只有一女，名叫黄花。那时连年灾荒，黄花的父母病在床上，八月十五那天，黄花在南山杂草丛中，发现两只扁圆形的野瓜。她采了回来，煮给父母吃。两老吃了后食欲大增，病体也好了。第二年，黄花姑娘就把瓜子种在地里，果然生根发芽，长出了许多圆圆的瓜来，因为黄花姑娘是从南山采来的这种瓜，于是就给它取名南瓜。从此，每年八月十五这一天，就有了江南家家户户吃老南瓜烧糯米饭的风俗了。

（十）尝螃蟹

“蟹膏肥，稻花香”，秋天也是盛产螃蟹的季节，是很多喜爱海鲜的食客尝鲜的好时机。

早在明代的中秋宴上，螃蟹便成为了充场的主角，《酌中志》一书中写道，“蒸熟五六成，群攒坐共食，嬉嬉笑笑自揭脐盖，将指甲挑剔，蘸醋蒜以佐酒”。当时人们将螃蟹用蒲叶包好蒸熟后，众人围坐在一起用酒或醋当佐料吃螃蟹，很是流行。螃蟹性冷，吃螃蟹最好趁热吃，并多沾些姜酒，以去其寒。一轮明月，一壶清酒，几个老友，一盘螃蟹，各种滋味，让人神往。

（十一）炒田螺

中秋食田螺，清咸丰年间的《顺德县志》记载，“八月望日，尚芋食螺。”民间认为，中秋吃田螺，可以明目。中秋前后，是田螺空怀的时候，腹内无小螺，肉质特别肥美，因此是食田螺的最佳时节。如今在广州民间，不少家庭在中秋期间，都有炒田螺的习惯。

（十二）食石榴、柚子

中秋正是石榴的成熟期。石榴色彩鲜艳，籽多饱满，经常被用作喜庆水果，寓意多子多孙，子孙满堂，团圆吉祥。

柚子是中秋节的必备水果之一，柚子是圆的，象征着团圆。因为“柚”与“佑”谐音，也是希望月亮保佑的意思。吃了甜月饼，再吃点甜酸的柚子，既开胃，又解油腻，让口腔有清爽感。柚子味道酸甜，略带苦味，含有丰富的维生素C及大量其他营养素，是医学界公认的最具食疗效益的水果，有降血糖、降血脂、减肥、美肤养容等功效，经常食用，对糖尿病、血管硬化等疾病有辅助治疗作用，对肥胖者有健体养颜减肥功能。

二、中秋美诗

中秋佳节，月美诗更美。

中秋节以月圆预示人团圆，中国古代诗人为寄托思念故乡、思念亲人之情，祈盼团圆、幸福，留下了许多珍贵的诗篇，今天就让我们来欣赏这些诗作吧。

望月怀远

［唐］张九龄

海上生明月，天涯共此时。
情人怨遥夜，竟夕起相思。
灭烛怜光满，披衣觉露滋。
不堪盈手赠，还寝梦佳期。

这首诗是作者在离乡时，望月而思念远方亲人而写的。全诗以“望”“怀”着眼，把“月”和“远”作为抒情对象。所以诗中处处不离明月，句句不离怀远，把月写得那么柔情，把情写得那么沉着，诗的情意是那么缠绵而不见感伤，语言自然浑成而不露痕迹。

八月十五日夜湓亭望月

［唐］白居易

昔年八月十五夜，曲江池畔杏园边。
今年八月十五夜，湓浦沙头水馆前。
西北望乡何处是，东南见月几回圆。
昨风一吹无人会，今夜清光似往年。

诗人白居易在中秋之日引发了对人生的感慨。他运用了昔今对比手法，繁华的过去越明朗，对照今日的凄冷就越有感觉，尺幅之间尽情描摹无尽的悲苦。诗人眺望故乡和观望明月却不能感受到家乡的温暖，徒添了不尽的凄苦感。诗歌极尽曲折地突出了诗人贬谪的孤寂之情。

十五夜望月寄杜郎中

［唐］王建

中庭地白树栖鸦，冷露无声湿桂花。
今夜月明人尽望，不知秋思落谁家。

这首诗是唐代王建所作。本诗极具意境美。诗人运用形象的语言，丰美的想象，渲染了中秋望月的特定的环境气氛，把读者带进一个月明人远、思深情长的意境，加上一个唱叹有神、悠然不尽的结尾，将别离思聚的情意，表现得非常委婉动人。

八月十五夜桃源玩月

［唐］刘禹锡

尘中见月心亦闲，况是清秋仙府间。
凝光悠悠寒露坠，此时立在最高山。
碧虚无云风不起，山上长松山下水。
群动悠然一顾中，天高地平千万里。
少君引我升玉坛，礼空遥请真仙官。
云拼欲下星斗动，天乐一声肌骨寒。
金霞昕昕渐东上，轮欹影促犹频望。
绝景良时难再并，他年此日应惆怅。

本诗十六句，每四句是一个自然段落。第一段写桃源玩月，有月之景，有玩之情；第二段写八月十五夜色，以月光朗照下的天地山水反衬中秋之月；第三段浪漫畅想，写欲仙之感，由景及情，生发自然；最后一段从畅想中曳回，写日出月落，更就“绝景良时”抒发情感，略出桃源别后，难再重游一意。全诗景物随时而变，情调随景而移，有起伏跌宕之感。

这首诗表面上可以归入游仙诗，实际上是把中秋之夜写得如梦如幻。尤其“凝光悠悠寒露坠，此时立在最高山”一句已经成为中秋时节人们常用的佳句。

水调歌头·明月几时有

［宋］苏轼

明月几时有？把酒问青天。
不知天上宫阙，今夕是何年。
我欲乘风归去，又恐琼楼玉宇，高处不胜寒。
起舞弄清影，何似在人间？
转朱阁，低绮户，照无眠。
不应有恨，何事长向别时圆？
人有悲欢离合，月有阴晴圆缺，此事古难全。
但愿人长久，千里共婵娟。

月儿转过朱红色的楼阁，低低地挂在雕花的窗户上，照着没有睡意的作者。明月不该对人们有什么遗憾吧，为什么偏在人们离别时才圆呢？人有悲欢离合的变迁，月有阴晴圆缺的转换，这种事自古来难以周全。只希望这世上所有人的亲人能平安健康，即便相隔千里，也能共享这美好的月光。

阳关曲·中秋月

［宋］苏轼

暮云收尽溢清寒，银汉无声转玉盘。
此生此夜不长好，明月明年何处看。

夜幕降临，云气收尽，天地间充满了寒气，银河流泻无声，皎洁的月儿转到了天空，就像玉盘那样洁白晶莹。我这一生中每逢中秋之夜，月光多为风云

所掩，很少碰到像今天这样的美景，真是难得啊！可明年的中秋，我又会到何处赏月呢？这首词是公元1076年中秋作者在密州时所作。苏轼曾经要求调任到离苏辙较近的地方为官，到密州后，这一愿望仍无法实现。词人面对一轮明月，心潮起伏，于是乘酒兴正酣，挥笔写下了这首名篇。

中秋登楼望月

［宋］米芾

目穷淮海满如银，万道虹光育蚌珍。
天上若无修月户，桂枝撑损向西轮。

目之所及的淮海海水就好似银子般泛着白光，彩色的光芒下，蚌孕育着珍珠。天上的月亮如果没有人为他修治，桂树枝恐怕会撑破月亮。

这首诗引用了两个民间传说，一是民间传说珍珠的育成与月的盈亏有关，月圆之时蚌则孕珠；二是民间传说月由七宝合成，人间常有八万二千户给它修治。这样借传说咏月，又为中秋之月增添了神话的色彩，使中秋之月更为迷人。

第九章

重阳节

“遥知兄弟登高处，遍插茱萸少一人。”唐代著名诗人王维的《九月九日忆山东兄弟》，是一首重阳思亲诗，传颂千古，其质朴自然的诗句，曲折有致地传达出了远离故土的游子在重阳节到来之时浓浓的思乡之情。

清·石涛《重九登高图》

第一节　初识重阳，寻重阳之渊源

重阳节，又叫登高节、赏菊节、茱萸节、老人节、重九节、晒秋节、菊花节、踏秋节、女儿节等。从 20 世纪 80 年代开始，全民尊老风尚盛行，人们又把农历的九月初九定为老人节。

一、重阳节的起源

古代的典籍《易经》中认为，数字有阴阳之分，“六”为阴数，“九”为阳数。九月九日便是两阳相重，所以称作“重阳”，也叫“重九”。古人普遍认为，九是数之极，是阳数中最大的数。九月九日，两九相重，这是一个十分吉利的日子，值得去庆贺。于是便渐渐形成了一套仪式化的节日民俗：登高出游，观赏菊花，吃重阳糕，饮菊花酒，插茱萸，思亲人……

古人登高出游

每一个节日都有其产生和演变的过程，重阳节的起源很早，某些习俗早在先秦时期就有显现。

重阳节最早是与古代祭祀大火的仪式有关。从原始社会开始，人类就非常崇拜火和火神。人们把一颗很亮的星星当作火神的化身，起名叫“大火星”，并且把它当作古代季节星宿的标志。人们通过观察大火星的位置来确定季节的变换。大火星在九月开始隐退，而大火星的退隐，让一直以大火星作为季节生产和生活标志的人们，失去了时间的标识，也令那些将大火奉为神明的古人产生了莫名的恐惧，火神的休眠对他

们就意味着漫漫寒冬的到来，如同它出现的时候需要有迎火的仪式一样，在这个时节里，人们也要举行一些送行的祭祀仪式。古代的祭仪具体情形虽然早已渺茫难以知晓，但我们还是可以从后世的重阳仪式中找寻到一些古俗的遗痕。比如在江南的部分地区还有重阳祭灶的习俗，也就是祭拜家居的火神—灶王爷。由此可以寻觅到一丝古代九月祭祀“大火”的痕迹。现如今，九月祭祀大火的仪式虽然已经不复存在，但是人们对于在九月因为阳气开始衰减而引起的自然和气候的变化仍然有着一种特殊的感受。

而关于九九重阳的记载，在春秋战国时期的《楚辞》中就已经提到了。屈原在《远游》里写道：“集重阳入帝宫兮，造旬始而观清都”。只是这里的“重阳”是指天，还不是表示节日。在《吕氏春秋》中有记载：“（九月）命家宰，农事备收，举五种之要。藏帝籍之收于神仓，祗敬必饬。”“是日也，大飨帝，尝牺牲，告备于天子。”可见在当时，就已经有在九月农作物丰收的时候，祭飨天帝和祭祖，以表示感谢天帝、祖先恩德的活动。而到三国时期，魏文帝曹丕在《九日与钟繇书》中，则已经明确地写出重阳的宴会了：“岁往月来，忽复九月九日。九为阳数，而日月并应，俗嘉其名，以为宜于长久，故以享宴高会。”古人将九看作是吉祥、长久的阳数，九月九日，日月并阳，两九相重，所以称为“重阳”。

二、重阳节的传承与发展

虽然重阳节起源很早，但最初重阳节的祭飨天帝和祭祖活动还主要是国家行为，是皇权贵族们的权利，它与我们今天已经世俗化、节日化的“重阳节”有着根本的区别。“秦承楚制，汉承秦制”，重阳节的世俗化、节日化是在西汉初期完成的。西汉初期，重阳节开始渐渐受到人们的重视，但那时还只是在宫廷中举行一些庆祝的活动。后来，先秦九月祭祖的习俗逐渐弱化，但驱邪祈福的习俗开始广泛地流行起来。并且由宫廷流传到了民间。相传，汉高祖刘邦的妃子戚夫人遭到吕后的谋害，戚夫人身前的一位侍女贾氏被逐出了宫，嫁给了民间的贫民为妻。贾氏就把这些重阳的活动习俗带到了民间。贾氏告诉他们说：在皇宫里，每年的九月初九，都要佩戴茱萸、食重阳糕、饮菊花酒，以求长寿。从此，重阳的这些习俗便在民间广泛地流传开了。

从魏晋开始，重阳节的气氛日渐浓郁起来。重阳也开始倍受历代文人墨客的吟咏。晋代著名诗人陶渊明在《九日闲居》诗的序文中说：“余闲居，爱重九之名。秋菊盈园，而持醪靡由，空服九华，寄怀于言。”序文中同时提到了菊花和酒。可见在魏晋时期已经有了饮酒、赏菊的习俗。

到了唐代，重阳节被正式定为民间节日。这个时期，国家强盛稳定，百姓安居乐业，宫廷民间享乐之风盛行，重阳节便成为了应景的节日，受到贵族和百姓的喜爱。宫廷和民间一起庆祝重阳节，举行各种各样的庆祝活动。在唐德宗时，朝廷还给官员发放节日出游补助，使得重阳节郊游、聚会宴饮的风气愈发盛行。据传，唐代诗人王勃的《滕王阁序》便是在重阳节宴饮时创作的。唐代诗歌发展极为迅速，以重阳节为主题的诗比比皆是。

宋·夏永《滕王阁图》

在宋代，重阳节发展进入繁盛期，重阳节食花糕的习俗基本形成，赏菊风气开始盛行，重阳节变得更为热闹。《东京梦华录》中记载了北宋时期重阳节的盛况；《武林旧事》中也记载了南宋宫廷“于八日作重九排当”，为了第二日隆重地游乐大肆安排一番。明代的时候，每当九月九日重阳节，皇宫上上下下都要一起吃重阳花糕来庆贺，皇帝还会把花糕赏给功臣们。高启诗云：“故园莫忆黄花酒，内府初尝赤枣糕。”除此之外，皇帝还会亲自到万寿山去登高览胜，以畅秋志。

北京风俗图谱——重阳登高

在明末清初时期，明朝的习俗活动依然盛行。但由于内忧外患，百姓长年处于颠沛流离的生活中，重阳节变得有些衰弱。崇祯末年时，崇祯皇帝在重阳节登高时有诗：“重阳旋磨台，共进菊花怀。歌曲征亡国，愁眉锁不开。”在民间，基本还承袭了重阳节登高和赏菊的习俗。清朝《燕京岁时记》中记载：“京师谓重阳为九月九。每届九月九日，则都人士提壶携榼，出郭登高。南则在天宁寺、陶然亭、龙爪槐等处，北则蓟门烟树、清净化城等处，远则西山八刹等处。赋诗饮酒，烤肉分糕，洵一时之快事也。”但已不复唐宋时期的辉煌。

到了 20 世纪 80 年代，国家将重阳节的祈寿延年与孝敬观结合在一起，正式将九月初九确定为老人节，倡导整个社会树立尊老、敬老、爱老、助老的风气，并推行敬老助老的活动。2006 年 5 月，重阳节还被国务院列入首批国家级非物质文化遗产名录。自此，重阳节不再只是我们的传统节日，还被赋予了新的含义。传统与现代的巧妙结合，表现出国家对传统文化的继承与创新，充分地发挥了传统文化的价值。

第二节　细听传说，追重阳之情怀

和大多数的传统节日一样，重阳节也有着很多古老而有趣的传说。

一、桓景斩魔的传说

南朝梁人吴均之《续齐谐记》中记载：在东汉时期，汝河边上有一个村子，村里住着一个小伙子，名字叫作桓景。他家中有父母和妻子，一家人在一起和和睦睦，生活得十分快乐。

但是天有不测风云。有一年，在汝河中忽然出了一个瘟魔，岸边的很多村庄开始流行起了瘟疫，死了很多人。恒景看到乡亲们不断死去，心里非常着急，就决定去求仙学艺，为民除害。桓景回到家里，告别他的父母和妻子，带上了一袋干粮就上路了。

恒景一路走一路打听，走遍了天下的名山，才打听到在东南方的山中，有一个叫费长房的神仙。于是他翻过了一座又一座的高山，蹚过了一条又一条的河流，磨破了一双又一双的布鞋，终于见到了费长房神仙。费长房见他长途跋涉地找到自己十分地吃惊，恒景说为了拯救乡亲们，他不畏千辛万阻也要和师傅学习杀妖救人之术。费长房看见他态度十分地诚恳，为民除害的意志很坚决，就决定收他为徒。费长房对他说："我看你一心想为民除害，就收下你这个徒弟吧。"他交给了桓景一把青龙剑，又教会了他降魔的武艺。

桓景每天起早贪黑地勤学苦练，终于把费长房教他的剑术练得炉火纯青。

日子一天天地过去，有一天，费长房将桓景叫到跟前，对他说：“今年九月初九，瘟魔又要出来害人。你赶紧回乡为民除害吧。”他还送了桓景一包茱萸的叶子、一瓶菊花酿的酒，又叮嘱他，让他回去后先让乡亲们都登高避灾，然后再去斩妖除魔。说完就招来一只仙鹤，将桓景送回了家乡。

到了九月九日的那天，桓景带领着全村老老小小都登上附近的一座高山。他把茱萸叶子分给大家戴在身上，让瘟魔不敢靠近身边。又把菊花酒倒了出来，让每人都喝上一口。全部安排妥当后，他就带着费长房送他的青龙剑回到了村中，等着瘟魔的到来。

到了中午的时候，只听见几声怪叫，瘟魔从河里爬了上来，它傲慢地走进村庄。发现村中一个人都没有，就四处寻找，最后它发现全村人都躲在山上，于是瘟魔狂叫着朝山上冲了过去。可是它刚冲到山脚下，一阵阵浓郁的茱萸叶香味和菊花酒味迎面扑来，瘟魔顿时感觉到头晕眼花，它止不住哼哼呀呀地开始在原地打转起来。这时候，只见桓景手持着宝剑飞快地从村子里冲了出来，他和瘟魔展开了激烈地搏斗。几个回合，瘟魔感觉见势不妙，转身就想逃跑。桓景抓住时机，对准了它后背，嗖地掷出了宝剑，卟哧一声，就把瘟魔给刺死了。

从此以后，村里再也没有闹过瘟疫。因为这一天是农历的九月初九，所以每年到了这一天，村民们都要举办诸如登高、插茱萸和喝菊花酒等一些活动，以此来纪念村民桓景铲除掉瘟魔，为民除害。又因为九

月初九正好是重阳日，人们便把这天称做“重阳节”。

二、九月九高处走的传说

传说很久以前，在骊山下住着一户人家，这家人都很勤劳，生活过得很幸福。有一天，这家的主人劳动回来，在半路碰上了一个算卦先生。因为天已经快黑了，这个算卦先生还没有找到住宿的地方，这家主人便带着算卦先生回了自己的家。由于他家很小，只是个草棚房，于是这家主人就在灶房中用草打了个地铺，让自己的妻子儿女都睡在草铺上，自己陪着这位算卦先生睡在草棚的炕上，凑合着过了一夜。

到了第二天，天才刚刚亮，算卦先生就要走，这家主人叫醒他的妻子给算卦先生做了一顿丰盛的早餐，又给算卦先生装上了一袋白馍馍。算卦先生出门，仔细查看了庄户人住的这个地方，小心叮嘱他说:“九月九，高处走。”这家主人心想，我平时没做什么坏事情，也不想升官发财，为什么要上高处走呢？但是他又一想，大家都说算命先生精通天文能看风水，说不定是我住的这个地方会出现麻烦。等到了九月初九，我就和家人到高处走走吧，就算是带全家人去看看风景。

到了九月初九，这家主人就带着自己的妻子儿女，背上了花糕和美酒，登上了骊山高峰游玩。待到他们上山之后，发现从半山腰的地方突然冒出了一股泉水，朝他家冲了过去，一下子就把他家的草棚冲垮了。没有多会儿，整个山沟都被泉水淹了。这时，这家主人才明白，算卦先生为什么要让他们全家“九月九，高处走。”

这件事情传开之后，大家每逢农历九月初九，都会扶老携幼一起去登高。年复一年，相沿成俗，一直流传到了今天。

三、阿牛种菊医母的传说

传说在很久很久以前，有一个叫阿牛的善良农夫。阿牛很小的时候父亲就去世了，母亲因为生活很艰辛，经常偷偷地哭泣，把自己的眼睛都给哭坏了。有一天夜晚，阿牛做了个梦，在梦里，他见到一个姑娘来帮他种地，并且对他说："在运河往西几十里的地方，有一个天花荡，这个天花荡中生长着一株白色的菊花，它可以治眼病。但是这菊花要等到九月初九的时候才会开放，到时候你去采下这株菊花，用它熬汤给你的母亲喝，一定能治好你母亲的眼病。"

等到重阳节那一天，阿牛带上干粮，沿着运河往西去天花荡寻找菊花。到了天花荡，阿牛看见这株白菊花生长得与众不同，很是特别，一根梗有九分枝，眼前的这只开一朵花，其余的八朵花含苞待放。于是阿牛将这株菊花连根带土地挖了回来，移栽在自己家的屋边上。他每天细心地呵护浇水，不久之后，八枚花朵都陆续地绽开。于是他每天都采下一朵白菊，熬汤给他的母亲服用。当他的母亲吃完第七朵白菊花之后，她的眼睛便复明了。

后来，那位姑娘又出现在了阿牛的梦中，继续给他介绍菊花的种植方法。阿牛按照姑娘的说法去做了，在菊花的根上果然新长出来了不少的枝条。然后他又剪下了这些枝条扦插，按照《种菊谣》中的指导去进行栽培，到第二年九月初九的时候便又开出了许多芬芳的白菊花。阿牛将种植菊花的技能告诉了村里的贫穷百姓，村里种白菊花的人便越来越多了。因为阿牛是在九月初九找到的这株白菊花，所以人们便将九月初九定为菊花节，并开始形成了赏菊、喝菊花茶、喝菊花酒的风俗。

无论是桓景铲除瘟魔为民除害，还是农民阿牛种菊医母，这些美丽动人的传说，无一不是紧紧围绕着健康平安、趋吉避邪、洪福长寿这一美好的企盼主题。重阳节在历经两千多年的形成、演变、发展的漫长过程中，亘古不变地演奏着中华民族儿女自强不息、锐意进取的主旋律。它不仅仅反映了中国优秀的传统民俗文化，而且，重阳节文化作为中国民俗文化璀璨瑰宝，它的内涵博大精深且源远流长。

第三节　明晓习俗，探重阳之内涵

九月初九重阳节，是糅合了多种民俗活动于一体的中国传统节日。每每金秋送爽，菊花盛开，九月初九的时候，民间重阳习俗活动都非常丰富。人们庆祝重阳节一般都会登高远眺、赏景晒秋、观赏菊花、喝菊花酒、吃重阳糕、佩插茱萸等。

一、登高远眺

登乐游原（唐）

古代在民间有重阳登高的习俗，所以重阳节又被称作“登高节”。登高时所达之处，没有统一的约定，一般来说是登高山或者登高塔。人们认为，金秋九月，天高气爽，登高远望可以达到心旷神怡、健身祛病之目的。

早在西汉的时候，在《长安志》中，就有关于京城九月九日之时人们登高游玩观景的记载。东晋时期有个著名的故事“龙山落帽”，大将军桓温时任江州刺史，有一次，他在重阳佳节时带属下一行去龙山游玩，并且在山上并设宴畅饮，饮酒赏菊。席间，才学过人的幕僚孟嘉因为戴不习惯军帽，帽子不小心被风吹落到地上。桓温于是让参军孙盛写了一篇文章，和孟嘉的帽子放在一块嘲笑他。孟嘉发觉了自己掉落帽子失礼之事。但是他却不动声色地拿起帽子戴上。并不假思索，奋笔疾书，从容地写下了一篇诙谐并且文采四溢的答词为自己落帽失礼作辩护。桓温和大家争相传阅，所有人无不佩服其才思敏捷。

在唐代，文人们也写过许多关于登高的诗，大多数是写关于重阳节的一些习俗；比如杜甫的《登高》，便是写关于重阳登高的名诗。

二、赏景晒秋

每年的重阳节都是最好的赏秋时分，在我国的南方还有一些山村保留了“晒秋”这一特色。到乡村去赏民俗、看晒秋，已经成为如今乡村旅游的一种时尚活动。

元·程棨《耕作图》（局部）

“晒秋”这一活动，是典型的农俗现象，它具有很强的地域特色。湖南、安徽、广西、江西等生活在偏远山区的村民，由于村庄地势复杂，平地很少，只能是利用房前屋后或者自家窗台屋顶来晾晒农作物，久而久之，便演变成了一种传统的农俗习惯。这些村民挂晒农作物的特殊方式和生活场景，也逐渐成了画家和摄影家们追逐创作的主题，并且塑造出诗情画意般的“晒秋”称呼。

元·程棨《耕作图》（局部）

如今，很多地方晒秋的习俗开始慢慢地淡化，但是在江西婺源的篁岭古村，晒秋的习俗已经演变成了村民们庆祝丰收的盛典。随着秋季来临，果蔬成熟，篁岭在每年的九月九日也开始进入了晒秋的旺季，村里会举办隆重的晒秋节以示庆祝。自从篁岭的晒秋节被文化部评为“最美中国符号”以后，它更是演变成了乡村旅游发展的图腾和名片，每年都会吸引几十万人去婺源踏秋赏秋。

三、观赏菊花

重阳节，恰是菊花盛开之时，也是最佳的赏菊时期。中国是菊花的故乡，自古以来，在汉族的习俗中，菊花象征着长寿，又被称作长寿之花。在重阳节观赏菊花有祈求长生不老与延寿的含义，所以菊花也被称作“延寿客”。重阳节赏菊的习俗，据说是起源于晋朝的诗人陶渊明。陶渊明以写田园诗出名，同时也以爱菊而出名。一些文人士大夫，将赏菊和宴饮相结合，以仿效陶渊明不媚世俗的清高气节。

清·陈枚《月曼清游图册》

三国魏晋以来，在重阳节聚会饮酒、赋诗赏菊已经成为一种时尚。到了北宋开封，重阳节赏菊之风开始盛行起来，当时的菊花品种已经很繁多了，千姿百态。在民间，人们还将农历九月称作“菊月”。在菊花盛开的重阳节，观赏菊花便成了节日里的一项很重要的内容。在节日里举办菊花大会，满城的人都来赴会观赏菊花。

四、饮菊花酒

在重阳佳节饮用菊花酒，是中国的一种传统习俗。菊花酒是由菊花和糯米、酒曲一起酿造而成的酒，古时也称长寿酒，它的味道清凉甘美，有养肝明目、延缓衰老等功效。菊花酒，在古代被当作重阳必饮、祈福祛灾的吉祥酒。

饮菊花酒（晋）

饮菊花酒的习俗，一般都认为是起源于晋代陶渊明诗人赏菊饮酒。南朝檀道鸾《续晋阳秋》中记载：某年的重阳日，陶渊明正在东篱下抚琴赏菊之时，忽然酒兴大发。这时恰好有一位白衣使者前来送酒，于是他立即畅饮一番，并写下了《九日闲居》。在晋代干宝《搜神记》中还记载有酿造菊花酒的方法。

菊花酒在汉代就已经有了。之后仍然有赠菊祝寿和采菊酿酒的风俗，比如魏文帝曹丕曾经在重阳日赠送菊花给钟繇，祝他健康长寿。梁简文帝在《采菊篇》中记载有“相呼提筐采菊珠，朝起露湿沾罗懦”，说的就是采菊酿酒的事情。到了明清，菊花酒依然很盛行。在明代，高濂的《遵生八笺》中有记载，菊花酒是当时盛行的健康饮品。

五、吃重阳糕

在重阳节吃重阳糕是从登高引申过来的，因为“糕”与“高”同音，也象征着百事俱高、步步高升。重阳节也叫做“登高节”。因为传说登高可以让人避祸。而那些不能登高或者不想登高的人，就在家里吃重阳糕。

吃重阳糕（出自敦煌莫高窟第 98 窟）

重阳糕也称作花糕、菊糕、五色糕等，没有统一的做法，可以随意发挥。重阳糕的意义主要体现在“糕”字上，主要是为了借用它的谐音来表达人们呈祥纳福的心愿。讲究的重阳糕一般要做成九层，像一座宝塔，在上面还做了两只小羊，以表示重阳（羊）的含义。也有在重阳糕上面插小纸旗来代表茱萸，点上蜡烛隐喻点灯祈福，借吃糕来代替登高。明朝的谢肇制在《五杂俎》中有记载：“九月九日天明时，以片糕搭儿女头额，可迎福接吉，消灾避邪。”每到九月九日天明之时，人们用片糕搭在家中儿女的头额上，然后口中念念有词，祝愿子女们万事俱高。

六、佩插茱萸

在古代，还流行着九九佩插茱萸的习俗，所以重阳节又叫做茱萸节。唐代大诗人王维诗云，“独在异乡为异客，每逢佳节倍思亲，遥知兄弟登高处，遍插茱萸少一人”，说的就是这个习俗。

在唐代，插茱萸和簪菊花就已经很普遍了。因为茱萸香味浓厚，有逐风邪、驱虫去湿的作用，而且还能消除积食，治疗寒热。又由于民间有些人认为九月初九是逢凶之日，会有灾难，因而在重阳节人们便喜欢在身上佩带茱萸，以辟邪求吉。茱萸也因此被人们称作辟邪翁。在汉代，人们习惯把茱萸切碎放在香袋中随身佩戴。到了晋朝以后，就改成将茱萸直接插在头上了。

唐代《风土记》中记载：“九月九日折茱萸以插头上，辟除恶气而御初寒。”妇女和儿童佩带茱萸居多，但在有些地方，男子也会佩带。人们将茱萸或是佩带于臂，或是制作成香袋佩带，或是插在头上，都是为了逢凶化吉，乞求平安。重阳节佩茱萸，还在晋代葛洪《西京杂记》中记载过。除了佩带茱萸，也有人在头上戴菊花的。唐代时就已经如此了，历代盛行。在宋代，也有人将彩缯用剪刀剪成茱萸或者菊花的形状来佩带的。

七、各地过重阳节的风俗

除了上面这些较为常见的习俗外，在中国各地还有一些独特的庆祝形式。

在陕北，重阳节正式收割的季节里，有歌唱道：“九月里九重阳，收呀么收秋忙。谷子呀，糜子呀，上呀么上了场”。陕北过重阳节是在晚上，白天人们会忙于收割、打场。等到晚上月上树梢头，人们喜欢吃荞面熬羊肉。吃完晚饭后，人们会陆续走出家门，爬到附近的山头上，点上火把，谈天说地，谈古论今。一

直待到鸡叫才回家。在夜晚登山，许多人都会摘上几束野菊花，回家后将它们插在女儿的头上，用来避邪。

在福建的莆仙，人们依然沿袭了旧俗，重阳节之时，要蒸上共九层的重阳节米果（米糕）。清朝莆仙的诗人宋祖谦《闽酒曲》中记载："惊闻佳节近重阳，纤手携篮拾野香。玉杵捣成绿粉湿，明珠颗颗唤郎尝"。后来，人们又将米果变更为一种更有特色的九层米果。是用优质的晚米淘洗干净，然后浸泡 2 个小时，捞出来沥干后磨成稀浆，加入明矾兑水的溶液搅拌均匀，再加上红糖熬的浆，然后放入蒸笼锅上，分九次舀入米浆，每次都是蒸上几分钟后加入。最后蒸上一段时间待熟后出锅，在米果上面抹上花生油。切成菱角形状，米果四边层次分明，呈现出半透明体，吃起来甜软适口，又不会粘牙，是重阳节敬老的最佳礼品。

也有一些地方的人们利用重阳登山，去祭祖扫墓，以纪念先祖。人们认为重阳时祭祖的人比清明时的人多，所以有将三月作为小清明，重阳作为大清明的说法。又因为莆仙沿海，九月初九是妈祖升天羽化的忌日，很多乡民都会到湄洲妈祖庙或者是天后祖祠求取保佑。

新中国成立之后，重阳节的活动又加入了新的内容。1989 年，国家将重阳节定为老人节。每年到了这一天，全国各地都会组织老年人去登山秋游，锻炼身体，让人们回归自然，感受祖国的大好河山。

第四节　美食美诗，品重阳之英华

不同的节日，美食也各有特色和讲究。元宵节大家会吃汤圆、端午节包粽子、中秋节吃月饼。重阳节由于地域和生活习俗的不同，集多种美食习俗于一体。

一、重阳美食

宋 · 刘松年《斗茶图》

（一）吃花糕

吃花糕是起源于重阳登高的习俗，在古时，人们重阳节登高是为了避灾。有山的地方，人们可以登高，但没山的地方怎么办呢？于是人们就想要用什么方式来替代。因为“糕”与“高”同音，同时又有步步高升、寿高九九的含义，所以就出现了在重阳节吃花糕的习俗，重阳花糕也普遍受到了人们的欢迎。

花糕也称菊糕、发糕，多数是用米粉、豆粉等为原料，加入枣、栗、桃仁等果料，并加糖发酵之后，蒸制而成。往往在发糕的上面还会用彩旗加以点缀。宋代文学家孟元老在《东京梦华录·重阳》中曾有记载：“（重阳）前一二日，各以粉面蒸糕遗送，上插剪彩小旗，掺飣果实，如石榴子、栗子黄、银杏、松子之肉类。又以粉作狮子蛮王之状，置于糕上，谓之狮蛮。”

（二）吃螃蟹

中国有一些地方，在重阳节有吃螃蟹的习俗。螃蟹是富含优质蛋白质的食物，蟹肉细腻，包含有10多种游离的氨基酸，其中谷氨酸、精氨酸、脯氨酸含量较高，对人们的健康大有益处。每年中秋过后，湖蟹大量上市，正是食蟹的好季节。在我国的江南和北方，都是螃蟹是最肥硕的时候。在重阳节吃螃蟹有两种含义，一是因为在重阳节前后时分，螃蟹肉质最为鲜美，蟹黄蟹膏最为肥厚；二是由于重阳节也是个孝老节，给父母送去一些鲜美的螃蟹，让父母可以在重阳时分补充营养，强健身体。

清·吴昌硕《美意延年》

（三）饮菊花酒

中国民间，重阳佳节之际，还有饮菊花酒的习俗。菊花酒在古代被视为祛灾祈福的“吉祥酒”。由于“九”与“久”、“酒”同音，于是就派生出了在九月九日，要喝菊花酒的习俗。在古时，菊花酒都是在上一年的重阳便开始酿造，以待来年的重阳佳节饮用。传说喝了这种菊花酒，可以让人身体强健，延年益寿。《西京杂记》中记载，在汉高祖时，“九月九日佩茱萸，食莲饵，饮菊花酒，令人长寿”。在南朝梁关均所撰记的《续齐谐记》中也有记载，“九月九日……饮菊花酒”，这些都说明在重阳节饮用菊花酒是很普遍的。在明清时，人们还在菊花酒中加入一些中草药。用菊花熬汁后，拌入酒曲和粮食，再加入当归、枸杞、地黄等中药进行酿制。明代养生学家高濂的《遵生八笺》中还对此有明确的记载，并称菊花酒是当时非常盛行的健康饮品。

（四）吃羊肉面

为什么在重阳节时要吃羊肉面呢？是因为“阳”与“羊”同音，为了应和重阳之典，因此重阳时要吃羊肉。在秋天，羊是最肥的，羊肉性暖，为温热补品。中医认为，食用羊肉，可起到滋补和御寒的效果。另外，羊肉较猪肉和牛肉的脂肪、胆固醇含量少。李时珍的《本草纲目》中有记载：“羊肉能暖中补虚，补中益气，开胃健身，益肾气，养胆明目，治虚劳寒冷，五劳七伤。”重阳节时适当地多吃羊肉可以去除身体内的湿气，暖心胃。

羊肉面中的面，需要用白面，因为“白”是“百”字去掉了上面的“一”，即一百减去一，为九十九，为了应和九九之典，因此重阳时要吃白面。所以每到重阳佳节，在我国很多地方有吃羊肉面的习俗。在陕北，有不少以羊肉和面为主料的著名小吃，比如羊肉臊子饸饹、羊肉荞麦面等等。陕北人过重阳节更有在晚上享用荞面羊肉的习俗。在京城，给九十九岁的老人过生日叫做“白寿”。有些人家会举行以羊肉为主的宴会，烤、涮、爆炒甚至是全羊席。

二、重阳美诗

每年九九重阳，正是收获的季节。重阳佳节，有着深远的寓意，自古以来人们对这个节日有着特殊的感情。重阳诗的创作在唐代时就已经蔚然成风。它不仅体现出了中国民族文化的悠久历史，同时也展现出了人们独具风格的精神风貌。历代文人在自身特定的生活环境下感悟着九九重阳节。

九月九日忆山东兄弟

[唐]王维

独在异乡为异客，每逢佳节倍思亲。

遥知兄弟登高处，遍插茱萸少一人。

这首诗写出了出门在外的游子每逢佳节之时的思乡之情。诗的开头便紧扣题目，写离家在外身处异乡生活的孤独，遇到佳节时分，对亲人的思念更甚。诗意跳跃反复，深沉含蓄，诗句不仅自然朴素，而且曲折有致。尤其是“每逢佳节倍思亲”更是成为了千古名句。接着诗中写道“遍插茱萸少一人。”重阳节之时，远在家乡的兄弟登高时都佩带了茱萸，只是诗人自己远离家乡不能同在。故乡的兄弟在一起共度佳节，自己却不能团聚。更表达了自己独在异乡为异客的那种处境。

过故人庄

［唐］孟浩然

故人具鸡黍，邀我至田家。
绿树村边合，青山郭外斜。
开轩面场圃，把酒话桑麻。
待到重阳日，还来就菊花。

孟浩然的这首田园诗，描写了农家闲适的生活情景。通过对田园生活风光的描写，表达出作者对这种田园生活的向往。诗中从“邀”到“至”，再到“望”，又到“约”，语句朴实无华，自然流畅，整个意境十分清新隽永。诗中全然没有雕琢的痕迹，流露出的感情真挚醇厚，有着“清水出芙蓉，天然去雕饰”的意境，因而这首诗成为自唐代以来田园诗的代表佳作。“待到重阳日，还来就菊花”，孟浩然深深地被田园的生活吸引，临走之时，他表示将会在秋高气爽的重阳日再来田家赏菊品酒。简单两句诗，将友人的热情相待，自己作客的愉快心情，彼此之间的融洽友情，跃然纸上。

重阳席上赋白菊

［唐］白居易

满园花菊郁金黄，中有孤丛色似霜。
还似今朝歌酒席，白头翁入少年场。

诗人的题目为赋白菊，但在诗的开头部分却先说

满园中的菊花都是金黄色的。“满园花菊郁金黄，中有孤丛色似霜。”这里采用了陪衬的手法，更加突出了下句中那白色的孤菊，就像“万绿丛中一点红”，其中的一点红更加显目。诗中的“满”、“郁”和“孤”相对照，使得白菊更加引人注目。“色似霜”运用了生动的比喻，描绘出白菊如霜的色彩。诗句更妙的是后面两句，“还似今朝歌酒席，白头翁入少年场”。诗人从花联想到了人，从而联想到酒席中的情景，看上去似乎是信手拈来，其实也是因为诗人时时刻刻留意观察生活，所以才能迅速地抓住现实生活中的场景，作出如此生动的比喻，这个比喻紧扣住题意，虽有些出人意料却又是尽在情理之中。结尾的那句“白头翁入少年场”，让人感觉颇有一番情趣。孤白菊虽似白头翁，但是和众少年在一起，并没有感觉苍老孤寂，依然充满着青春的活力。

蜀中九日

［唐］王勃

九月九日望乡台，他席他乡送客杯。
人情已厌南中苦，鸿雁那从北地来。

诗的开头就扣题，“九月九日望乡台”，不仅说明了时间，九月九重阳节，还点明了地点，玄武山，诗中把玄武山比作了望乡台，借此来表达自己的乡愁，那种思乡之情倍增。“他席他乡送客杯”，诗人在异乡的送别宴上，喝着送客的酒，更加感受到凄凉之情。诗中前两句便勾画出一个让人倍加伤感的情境，又逢九月九日重阳节，客席中送客人，自然而然地勾起了自己浓郁的乡愁，于是便引出下两句，对鸿雁的“无理之问”：“人情已厌南中苦，鸿雁那从北地来。”鸿雁自北向南飞本来是一种自然现象，而王勃却把自己的思乡之情附在了它的身上，不禁怪罪鸿雁，你非要从北方飞来，而我想北归却不能，平平增添了我不得北归的思愁。整首诗，诗人将自己的思乡情愁融入到对自然景观的描写之中，抒发了自己内心深沉的思乡情感，也开启了唐代诗人寓情于景的先河。

醉花阴·薄雾浓云愁永昼

［宋］李清照

薄雾浓云愁永昼，瑞脑消金兽。佳节又重阳，玉枕纱厨，半夜凉初透。　东篱把酒黄昏后，有暗香盈袖。莫道不消魂。帘卷西风，人比黄花瘦。

李清照的这首词是一首十分著名的重阳词。它是作者在婚后所写，抒发了自己在重阳佳节时分对丈夫的思念之情。作者在对自然景色的描写中，加入了浓重的感情色彩，环境与人物情绪融贯交织。用花木的“瘦”，比作人的瘦，诗词中有许多类似的句子，正是“莫道不消魂，帘卷西风，人比黄花瘦”，营造出了一个寂寥深秋思念丈夫的境界 。“莫道不消魂 ”，承接了“东篱把酒”的比喻，“帘卷西风”这一句，更为“人比黄花瘦”作气氛的渲染，不由得让人眼前浮现出一幅画面：重阳佳节之时，有佳人面对着西风中的瘦菊独自饮酒，有了佳节和环境气氛的烘托，“人比黄花瘦”便有了更深厚的情感寄托，也正因此，这句才能成为千古传诵的佳句。

采桑子·重阳

毛泽东

人生易老天难老，岁岁重阳，今又重阳，战地黄花分外香。 一年一度秋风劲，不似春光，胜似春光，寥廓江天万里霜。

毛泽东的这首《采桑子·重阳》，描写了重阳节的战地风光，表现了作者战争胜利后的喜悦和对革命前途的乐观。人的一生容易衰老而苍天却不老，重阳节年年都会来到。今天又逢重阳，战场上的黄花是那样的芬芳。一年又一年秋风刚劲地吹送，这景色不如春天的光景那样明媚。却比春天的光景更为壮美，如宇宙般广阔的江面天空泛着白霜。

整首词有情有景，有色有香，让人感受到生机盎然的诗境。尽管“人生易老”，但革命者的青春永远和解放全人类的崇高事业紧密联系在一起，他们并不叹老怀悲，蹉跎岁月，而是以只争朝夕的精神为革命而战，终身奋斗不止。全诗以绚丽壮阔的意境、振奋昂扬的豪情，不禁唤起人们为了理想而终身奋斗的英雄气概与高尚情操。

第十章

其他传统节日

中华民族历史悠久，传统节日也是形式多样、内容丰富。除了前面介绍的八大传统节日外，还有不少传统节日经过几千年岁月的洗礼，深深烙进每一个中国人的生命里，记录着中华民族丰富多彩的社会文化生活，影响了一代一代中国人的情感、趣味与价值观念。

第一节　春龙节

“二月二日新雨晴，草芽菜甲一时生。轻衫细马春年少，十字津头一字行。”白居易的这首《二月二日》，生动地描绘出春天到来之时，世间一派万象更新，春意盎然的景象。

一、春龙节的起源与发展

农历二月初二为春龙节，也叫“踏青节”“龙抬头”。谚语有云：“二月二，龙抬头。”自古以来，龙就是华夏民族崇拜的动物“图腾”，二月二与龙的结合，不仅体现了古代对龙的崇拜，也说明了古人对星辰和节气的认识。

宋·陈容《六龙图》

农历二月，大地回春，万物复苏，蛰龙开始活动起来，预示着一年的农事活动即将开始。农民们在这个时节要开始春耕、播种。因此，在这个时期，需要春雨的滋润。龙在人们心里，不仅是祥瑞之物，还可以主宰风和雨。二月初二，传说是蛰龙升天的日子，于是，人们就祈求龙的庇佑，希望龙王可以行云布雨，保佑凡间风调雨顺、五谷丰登。民间也便有了“二月二，龙抬头；大仓满，小仓流”的说法，民谚的背后，寄托了以农耕为生的先民们对丰收的祈盼，对幸福生活的向往。

春龙节的民间节俗早在上古时代就有显现，而关于其日期及相关习俗的记载始自唐代。在唐代，二月

（宋）春社

二的习俗活动主要是踏青、挑菜和迎富等。每逢二月初，春暖花开时，人们相约而行，到郊外去踏青，朝出暮归，称为“迎富”。此时挖些初春的野菜回家品尝，就叫做“挑菜”。宋代也仍旧沿袭了这些习俗，但流行范围和热闹程度比唐代更甚。在宋代的文学作品中，屡屡可见“踏青”、“挑菜”两个词，如吴潜的《望江南·忆江南》中有“挈榼携壶从笑傲，踏青挑菜恣追寻。赢得个天真”，还有陆游的《水龙吟·春日游摩诃池》中“挑菜初闲，禁烟将近，一城丝管”等，都说明宋代有踏青、挑菜的风俗。

到了元朝，二月二就被明确称为“龙抬头”日了。唐宋时期的踏青、挑菜、迎富等习俗传承不变。这时，还出现了新的风俗活动。在现今所存文献中，最早记载了“龙抬头”习俗的，是元代熊梦祥的《析津志·岁纪》，其中有记载：“二月二日，谓之龙抬头。五更时，各家以石灰于井畔周遭糁引白道，直入家中房内，男子、妇人不用扫地，恐惊了龙眼睛。”可见二月二已与龙联系起来，被称作“龙抬头”，也称“春龙节”，并有撒灰等禁忌的明确记载，二月二也逐渐成为以祈求丰收和去除虫害为主的节日。同时，引龙、煎饼熏虫、击梁辟鼠等一些风俗活动也屡见记载。

《雍正躬耕图》

从明清至今，二月二日除了踏青挑菜活动之外，“龙抬头”这一风俗更加盛行。各种龙抬头的习俗活动也变得更加的丰富多彩。无论是哪个时代，哪些习俗活动，无不寄托了人们对风调雨顺、农事丰收的祈盼，对幸福美好生活的无限向往。

二、春龙节的趣闻传说

在中国众多的传统节日之中，春龙节占了很重的分量，因为它是新一年农事的开端，人们在这一天举行各种活动，以祈求可以在新的一年里鸿运当头。关于它的传说与故事也有许多。

（一）金豆开花的传说

相传武则天当上皇帝后，玉皇大帝十分恼怒，下令三年之内，四海龙王都不允许在人间降雨。但司管天河的玉龙王看到人间百姓受灾挨饿，心生不忍，就偷偷为人间降了一场大雨。玉帝知道后大怒，将玉龙打下凡间，并压在大山下受罪。山上还立了一块碑：“龙王降雨犯天规，当受人间千秋罪。要想重登凌霄阁，除非金豆开花时。”人们听说后，为了拯救玉龙王，四处寻找开花的金豆。次年二月初二这一天，人们翻晒玉米时，突然想到，这金黄的玉米就像金豆，将它们炒一炒，开了花不就是金豆开花吗？于是家家户户都开始爆玉米花，并且设案焚香，供上这些开了花的“金豆”。玉龙王看见后，知道是百姓们要救他，便大声地向玉帝喊道：“金豆开花了，快放我出去！”玉帝一看，家家户户院子里金豆花都争相开放，于是只好传谕，将玉龙王诏回天庭，让他继续给人间布雨。从此之后，民间每到二月初二，人们就会爆玉米花吃。

无论大人还是小孩，口中还念念有词：“二月二，龙抬头；大仓满，小仓流。”还有些地方，在院子里用灶灰围成圆圈，并把五谷杂粮放于其中，称为“打囤”或者“填仓”。

（二）龙女的传说

传说很久很久以前，东海龙王有三个龙子，却没有一个龙女，龙王时时盼着希望能有个龙公主。天上的王母娘娘听说后，就给了龙母一颗仙丹。没过多久，龙母怀孕了。到第二年二月初二，龙母就生了一个白白胖胖的龙公主。

龙公主一天天地长大，开始厌倦了龙宫的生活，每天都想去到人间，寻找自己的幸福。龙母看出了女儿的心思，劝慰公主道：“孩子，龙宫里无忧无虑的，应有尽有，为什么非要去人间受苦呢？”龙公主说：“龙子龙孙们每天都只知道吃喝玩乐，没有一点乐趣，我要去人间寻找真正有意义的生活。”龙母看见女儿决心已定，只好悄悄地把她送出了龙宫，还交给了她一个锦囊。

龙公主辞别母亲后，来到了一座大山下，她四处望了望，只见太阳火辣辣地炙烤着大地，地面都已经干裂，庄稼都低垂了头。不远处，有一个勤劳的青年在田地里辛苦地劳作。龙公主走过去问道：“这么干旱的天，你能有收获吗？”小伙子苦笑着说：“还能有什么办法呢，我要养活家里的老母亲。”龙公主听后十分同情他，便从龙母送的锦囊中取出几粒红豆，向地中撒去。不一会儿，农田中就升起了厚厚的水雾，那些干枯的禾苗开始泛出了绿色。小伙子一看高兴极了，急忙向她行礼道谢说：“仙姑，这方圆几百里地都遭受了大旱，还请仙姑也救一救那些穷困的百姓们。”龙女听后，非常感动，心想，他一心替别人着想，真是个好人。于是，她又从锦囊中抓了一把红豆向天上抛去，刹那间，电闪雷鸣，雨水酣畅地落了下来。雨过天晴后，山变青了，庄稼也绿了，田间劳动的人们脸上露出了开心的笑容。小伙子感激地向龙公主道谢，公主脸上泛起了红晕说：“不用谢，你是我的知音，我愿意一直陪伴你。”小伙子听了，心里美滋滋的，将姑娘带回了家，从此开始了幸福的生活。

公主离开龙宫的事情被龙王知道了，龙王非常生气，不让龙母去看望女儿。龙母每天都十分思念女儿，只能在每年农历二月初二浮出海面，抬起头，朝着女儿离开的方向痛哭。她的哭声变成了雷声，眼泪便化作了春雨。

（三）猪头肉的故事

在中国北方，还有二月初二吃猪头肉的传说。在苏轼的《仇池笔记》中记录着这样一个故事：王中令平定巴蜀之后，觉得十分饥饿，于是闯入一间乡村小庙，没想到却遇上了一个喝醉的和尚。王中令很生气，准备杀了他，那个和尚却一点也不害怕，王中令感觉很奇怪，就转头问他讨要吃食。不一会儿，那个和尚就端上了一盘“蒸猪头”，并写诗说：“嘴长毛短浅含膘，久向山中食药苗。蒸时已将蕉叶裹，熟时兼用杏浆浇。红鲜雅称金盘汀，熟软真堪玉箸挑。若无毛根来比并，毡根自合吃藤条。”王中令一边吃着猪头肉，一边听着这首诗，心情大好，便将那个和尚封为“紫衣法师”。大家都认为，猪头肉不仅是一道美味佳肴，还是可以让人转危为安并平步青云的吉祥食物。

于是，后来在民间就流传着一句俗语，“哪有提着猪头找不着庙门的”。自此，人们每逢二月初二都会吃猪头肉，以求获取个吉祥的兆头。

这些生动有趣的民间传说，不仅体现了中国古代劳动人民的智慧，也反映出古代农事为天气所制约的景况，以及农耕者祈盼风调雨顺、五谷丰登的美好愿望。

三、春龙节的习俗

民间有句俗话说：“龙不抬头，天不下雨。”每到农历二月初二，人们都会祈望龙抬头，希望可以春风化雨，滋润万物。这一天，在民间还有很多的习俗活动。

（一）敲龙头

敲龙头表示召唤龙醒来。在我国的东北部分地区，二月初二早晨，会用长竿击打房梁，称为“敲龙头”。敲打龙的头，把龙唤醒，保佑一家子平平安安。大人小孩口中还念着:“二月二，龙抬头，大仓满，小仓流。”有的地方还会在院子里用灶灰围撒成一个圆圈，并将五谷杂粮放在圆圈中间，称为“填仓”或“打囤”，希望可以仓囤盈满、五谷丰登。

（二）剃龙头

在民间，素有“二月二剃龙头”的说法。人们普遍认为，在这一天剃头，会让人福星高照、鸿运当头。民谚说：“二月二剃龙头，一年都有精神头。”因此，在这一天理发，叫做“剃龙头”或“剃喜头”，意味着“龙抬头”走好运。长辈们希望借着“剃龙头”这一习俗，保佑孩子健健康康地成长，长大后可以出人头地。大人们理发，希望可以辞旧迎新，带来好运。

另外，在北京民间还流传着“正月剪头死舅舅”的说法。很多人在正月里都忌讳剪头发，直到二月初二才解禁。其实，这一说法实为讹传，正月里面不剃头，原本的意思是“思旧”。正月是一年的第一月，就像一日之晨。在正月一个月中不剪头发，表示人们对过去一年的怀念。“思旧”在流传过程中，被误作谐音“死舅”，这一误，就被误传至今了。

（三）吃“龙食”

什么是“龙食”呢？古人们相信，二月初二会龙威大发，因此，这一天民间的饮食都要以龙为名。比如吃春饼称为“吃龙鳞”，吃水饺称为“吃龙耳”，吃米饭称为“吃龙子”，吃面条称为“扶龙须”，吃馄饨称为“吃龙眼”。就连蒸饼，也会在面上做出龙鳞的形状，并称作“龙鳞饼”。这些饮食习俗无不寄托了人们在新的一年到来之际，祈龙赐福、保佑当年可以风调雨顺、五谷丰登的美好愿望。

（四）吃猪头肉

很多人都知道，在二月二，人们还会吃一种特殊的食物：猪头肉。春龙节为什么要吃猪头肉呢？古人认为，龙王是掌管降雨的，为了在新的一年里可以风调雨顺，人们都会在这一天拜祭龙王。在古代，猪头是供奉上天的供品，平时猪头是不能随便吃的，农家杀年猪，猪肉在正月里基本都吃完了，“惟余头蹄，于是日煮食之”。二月初二，人们用猪头来祭拜龙王，食用猪头就寓意着龙抬头。

（五）祭祀龙神与纳吉活动

在北方大部分地区，这一天早晨，家家户户都会打着灯笼去井边或者河边挑水，然后，回到家里点灯、烧香、上供。旧时，人们将这种仪式称为“引田龙”，目的就是祭祀龙神，祈求普降春雨，五谷丰登。

除了祭祀龙神之外，在民间，往往还会举行多种活动来纳吉，比如舞龙、戴龙尾等等。逢上好的年头，老百姓们会几家合伙制作一条草龙，到二月二日这天，纷纷上街舞龙庆祝，以求在新的一年里，在龙的庇护下可以再获丰收。

第二节　上巳节

阳春三月，万物复苏；蛰居一冬的百姓，也是生命勃发，春情萌动。这是一个草长莺飞的季节，也是民情心绪最为朝气蓬勃的季节。于是，古人设立上巳节，为青年男女恋爱创造各种机会。

一、上巳节的起源与发展

上巳节，俗称三月三、三月节。这一天，人们纷纷来到水边，用浸泡了香草的水沐浴，青年男女们结伴相约来到野外踏青，泼水嬉戏，相会意中人。古代也将这个节日称为女儿节、情人节。

上巳节起源于古代的水崇拜和高禖[1]祭祀。古人认为，水具有旺盛地生命力、生殖力和生长力，一些河水、泉水被尊为甘露、酒泉、神泉等。这些神水不仅能调药治病，还能袚除疾病与厄运、使人长生不老。于是，在三月季节交替之际，人们来到水边沐浴，以求驱邪祛瘟。周朝的时候，就已经形成了由女巫[2]主持的“岁时袚[3]除衅浴”的国家制度。同时，为鼓励生育，百姓要祭祀高禖；国家也设置“掌媒”官，撮合鳏夫和寡妇，设立仲春“婚会”，鼓励青年男女大

① 高禖：禖，音 méi，同“媒”。高禖，管理婚姻和生育之神，如女娲等。

② 女巫：周朝时的女官。

③ 袚：音 fú。袚，在古代是人们为除灾求福而举行的一种仪式。

胆谈情说爱。于是，在三月上巳，青年男女趁着洗濯祓禊[1]，就在水边、湖畔大胆约会恋爱。这样，婚恋与祓禊成为上巳节的两项主要活动。之后，才有了“关关雎鸠，在河之洲”、“所谓伊人，在水一方”这样一批描写水边爱情的诗歌。

汉代以前，上巳节定为三月上旬的巳日。汉武帝实行太初历后，上巳节确定为三月初三。到魏晋时期，人们又创新了多种节日活动，于是上巳节成为全民共乐的节日。此日，情人们踏青出游，互赠信物；文人们也相聚水边，曲水流觞、诗酒宴饮。尤其是永和九年的上巳兰亭集会，成为文人切磋文学、清谈玄学的最富盛名的文人雅集。这些活动，大大提升了上巳节的文化品味。

上巳节游宴

唐朝，上巳节达到极盛。人们倾城而出，朝野同游。皇帝要在三月上巳日于西安城南的曲江赐宴群臣，诗人多有歌功颂德的唱和应制诗。宫闱之中的女子也

① 禊：音 xì。禊，指古代在春秋两季于水边举行的一种清除不祥的祭祀活动。

可以在此日到水边祓禊祈福，赏花嬉戏。据《两京新记》记载，太平公主会在上巳节于乐游原①上设亭宴饮，仕女们会在此举行祓禊仪式。杨贵妃姐妹也常在上巳节盛装出行，杜甫“三月三日天气新，长安水边多丽人”，就实录了这种奢华景象。百姓也于江头禊饮踏青，富豪之家甚至在曲江边搭棚，一直连到杏园。至此，上巳节从以祓禊活动为主、宗教气氛浓厚的节日，演变为以游宴活动为主、具有娱乐色彩的节日。

但到两宋，受诸多因素影响，尤其是宋明理学束缚，青年男女在公众场合幽会被视为不雅，开放式的人际交往模式被打破，上巳节的狂欢盛况也就不复存在了。之后，上巳节与清明节逐渐合流，修禊②流杯③、宴饮娱乐与踏青游玩融合在一起。晋人的风雅，唐人的热情，到如今，就都只化作人们闲谈的追忆了。

二、上巳节的趣闻传说

“巳”，是个象形字。甲骨文中，“巳”就是“子”形。后来“巳”的本义消失了，而被借作地支的第六位，列在“子丑寅卯辰”之后。此时，“巳”仍是象形字，但已经是象“蛇”形了，《说文解字》就认为“巳”为蛇形。可以说，上巳节是一个与蛇、与生殖崇拜有关的节日。在神话传说中，人类的始祖伏羲女

① 乐游园：在长安（今西安）城南，是唐代长安城内地势最高地。李商隐有《乐游原》诗：“向晚意不适，驱车登古原。夕阳无限好，只是近黄昏。”

② 修禊：古代传统民俗。季春时，官吏及百姓都到水边嬉游，是古已有之的消灾祈福仪式，后来演变成中国古代诗人雅聚的经典范式。

③ 流杯：即流觞。一般是在曲折水流中泛杯而饮，是古人举行的一种饮酒赋诗的娱乐活动，源于“祓禊”习俗。

娲、轩辕黄帝也都是“人首蛇身”的形象，但同时又多与生殖、求子有关。

伏羲八卦蕴含天人和谐思想

（一）伏羲女娲的传说

很早以前，世上发生了一次大灾难，天塌地陷，洪水泛滥，人类和动物都没有了，只有伏羲女娲兄妹受到乌龟的保护而得以存活下来。为了人类的延续，在乌龟的撮合下，兄妹俩用滚石磨的方式来占卜天意。他们各背一片石磨登上东西两座凫山，然后将石磨相对滚下，没想到滚到一起的两片石磨竟然严实合并。于是他们结为夫妻，生儿育女，并用黄泥捏人，后来人烟就又逐渐兴旺起来。

因为兄妹俩滚磨成亲那天是三月三，为了纪念他们繁衍人类的伟大功绩，人们将伏羲女娲尊奉为人祖爷和人祖奶奶。每年三月三，人们都要拜祭伏羲女娲。同时，这一天也是青年男女自由交往、说爱定情的好日子。这期间青年男女可以自由相会，甚至野合私奔，都不受干涉禁止。

（二）黄帝的传说

相传三月三是黄帝的诞辰，中国自古就有“二月二，龙抬头；三月三，生轩辕”的说法。可以说，上巳节是一个纪念黄帝的节日。

传说，黄帝是有熊氏[①]的首领少典的儿子，因为生长于姬水河边而姓“姬”姓，又因为曾经居住在轩辕之丘而取名“轩辕”。黄帝的母亲受“大雷电绕北斗枢”的感应而生下黄帝，没想到黄帝一生下来就异常聪明，生下来没多久便能说话，到了 15 岁就已经

① 有熊氏：是史传中上古华夏部落中的一个氏族，居住在有熊，建立有熊国，故后世以有熊氏相称。

无所不通了。20岁的时候，黄帝继承了有熊国君的王位。在他的治理之下，有熊氏的势力得到迅速发展，并逐渐形成独立的黄帝部落。后来，黄帝部落战胜了炎帝和蚩尤的部落，并合而为一，统称为华夏族，从此才有了伟大灿烂的华夏文化。

直到现在，每年三月初三，河南新郑都要举行黄帝故里拜祖大典，以歌颂这位五千年中华文明肇造者的丰功伟绩。

（三）西王母的传说

作为后来兴起的道教中的仙国第一夫人，西王母并不是“人首蛇身”，但她最初也是个豹尾虎齿的半人半兽的怪神，后来，才逐渐变成一位温柔美丽、才艺出众的女王。道教认为，王母娘娘是中国的第一女寿星。而农历三月三是王母娘娘的寿日，是开蟠桃会的日子。每年此日，各路神仙都会赴瑶池献礼祝寿，著名的“麻姑献寿”也就由此产生。

其实，王母娘娘本名叫做西王母，王母娘娘只是民间俗称。西王母曾和女娲一样，是掌管生育的女神，是人们高禖祭祀的对象。民间传说中，西王母居住在瑶池水边，是一位多情女子，与穆天子、汉武帝有着割舍不断的情缘。西王母不仅自己长寿，还掌管着不死神药，既有长生不老的仙丹，又有吃了能延年益寿的仙桃——蟠桃。这惹得天下凡仙无不眼热嘴馋，有幸得到赏赐的众仙们，自然无比荣幸；无缘分一杯羹的嫦娥、孙悟空就只好去偷仙丹、盗仙桃了。后来，人们将西王母奉为婚姻、生育、保护妇女的女神，自然可以向她献祭求福求子。因此，将西王母的生日定为三月三日，也就顺理成章了。

三、上巳节的习俗

在古代，上巳节是一个非常热闹的节日。古人在冬季没有农活可干，外边又冰封雪地不适宜活动，只好窝在家里。到了三月上巳，风和日丽，人们便走到郊野，进行各种节日活动。

（一）水边祓禊

“祓”是祓除病气，“禊”是修洁净身。“祓禊”，就是在暖暖的清水边，洗裙洁体，驱灾迎福。冬日天寒地冻，洗浴净身的条件很差。三月上巳，春和景明，人们便走到水边，手持兰草，熏汤沐浴。兰草清新优雅，既可除去整个冬天身体积存的污垢，又能预防和抵抗春天流行的疾病，甚至被认为能治疗不育症。香汤沐浴之后，人们神清气爽，焕然一新。周代的祓禊活动，是由专门的女巫主持。这似乎笼罩着神秘宗教色彩的习俗，其实展现的是人们消灾祈福的民俗心理，也是一项科学文明的、具有卫生保健作用的民俗行为。

（二）祭高禖求子嗣

高禖，是掌管婚姻生育之神。各地祭祀的高禖除了伏羲女娲外，还有盘古、炎帝、黄帝、西王母等，像山西省河津市西南的高禖庙，供奉的就是女娲、后稷和大禹。据说，商的祖先简狄在参加祭高禖活动时误吞了玄鸟（燕子）卵，之后便孕育了商的始祖契；而周的祖先后稷也是母亲在祭高禖时踩上巨型脚印有所感而孕育的。因此，每到上巳节，周代天子就会率领妃嫔祭祀高禖，以求子嗣。

（三）会男女

会男女，应该算是上巳节最核心、最基本、最重要的内容了。阳春三月，青年男女相会于野外水边，

唱歌跳舞，谈情说爱，甚至可以私奔“行夫妇之事”。这顺应了自然气候，也有利于人类延续后代。可以说，会男女是三月三的主体内容，而水边祓禊、祭高禖求子嗣是准备活动，踏青郊游、曲水流觞等也只是派生出来的。

（四）踏青郊游

阳春三月，草木泛青，百花盛开，正是野外游玩的好季节。憋了一冬的人们，正好借机出外游玩散心，尽吐胸中污浊之气。这种活动，后来叫做踏青、春游。《论语》中的曾皙就曾勾画一幅欣欣然、陶陶然的三月游春图：“莫春①者，春服既成，冠者五六人，童子六七人，浴乎沂，风乎舞雩，咏而归。”当然，这也是借祓禊隐喻以礼治国，施行仁政后的暮春同乐、政治清明的图景吧。

踏青

人们在踏青郊游的同时，自然也少不了进行游戏竞技活动，如荡秋千、放风筝、拔河、泛舟、竞渡、赏花等等。这些活动，使上巳节成为一个全民参与的盛大节日。

（五）曲水流觞

曲水流觞，又名九曲流觞，是一种文人雅宴活动。觞，是一种由角质或木质等轻材料制成的酒杯，可以悬浮于水上。另有一种陶制的杯，两边有耳，称为“羽觞”。羽觞比木杯重，玩的时候放在荷叶或木托盘上。文人将盛满酒的酒杯放在弯曲的流水上，酒杯沿着曲水顺流而下，止于何处，那个人就要取而饮酒，并即兴赋诗一首；如果不能赋诗，就要罚酒。历史上最为有名的曲水流觞盛事，当数东晋永和九年上巳节由王

曲水流觞

① 莫春：指暮春，晚春。

羲之、谢安等人在会稽山阴兰亭举行的一次修禊活动。他们饮酒吟诗，得诗 37 首，结集为《兰亭集》，王羲之为其作《兰亭集序》。这次上巳修禊，几乎成为后世文人效仿的雅集宴饮的对象，也为后世留下天下第一行书这一无价之宝。

（六）曲水浮卵与水上浮枣

曲水浮卵，是将煮熟的鸡蛋放在河水中，任其漂移，由拾到者食之。这种以曲水浮卵的方式来祈求得子的民俗活动，应该与上古的高禖祭祀活动有关。直到近代，江苏一些地区还有着在三月三日吃荠菜煮鸡蛋的习俗。

水上浮枣与此相类似，同样是一种比较文明的祈子巫术，取其早生贵子之意，这说明求子确实是上巳节的主要内容之一。

唐五代后，上巳节逐渐退出历史舞台，却也不是无迹可寻。我国南方的少数民族依旧喜欢过三月三，像广西壮族的“歌圩节”、侗族的“花炮节”、瑶族和布依族的三月三，都还保持着各种传统和古朴的风俗活动。而汉族民间的三月三，则将上巳节的祈子古意发挥得淋漓尽致。这日，人们或是到观音庙求子，或是到王母娘娘庙求子。清代，北京东便门的蟠桃宫庙会规模盛大，香火极盛，求子“拴娃娃”者众多。人们手腕缠上红绳，到蟠桃宫东配殿献上香资后，拴住一个殿前摆放的泥娃娃带回家，以求与子结缘，来年添个胖娃娃。北京大兴长子营镇良善坡的三月三庙会，也曾盛极一时，十里八乡的善男信女到此求子之人众多。

第三节　腊八节

“小孩小孩你别馋，过了腊八就是年。腊八粥，吃几天，沥沥拉拉二十三。”这句通俗、亲切的童谣，生动地描绘出孩子们祈盼新年的心情。按北京人的说法，腊八节是春节的序幕，过完腊八节，春节就不远了。

一、腊八节的起源与发展

腊八节是腊月里最重要的节日，古代称之为“腊日”，现在称为“腊八”，即农历十二月初八。汉武帝改用《太初历》，规定正月为岁首，十二月为腊月，并定于腊月的八日为腊祭日。到了魏晋南北朝时期，腊八节逐步从腊日中分化出来，成为一个独立的节日。佛教进入中国后，由于统治阶级的大力提倡，使其在中国日益兴盛，这对腊八节的形成也起到了一定的推动作用。传说佛祖释迦摩尼成道之日为腊月初八，在这一天，佛家要举行各种纪念活动。于是，作为帝王祭祀的腊日便与佛教中的佛祖成道日合二为一，腊八节最终形成。

明清以来，腊八节的发展达到了繁盛阶段，过节氛围日益隆重，新的节俗不断涌现。明代陆釴有诗《午门腊八日赐食次文征仲韵》云：“汉宫腊日千官会，烂漫朱筵傍紫墀。浴佛竞传南土俗，赐酺初展上方仪。”这首诗描绘了腊八节汉宫盛宴的场景。在这一时期，民族融合加强，各民族的风俗习惯也相互融合渗透。

这时流行于民间的腊八节，也融入了许多少数民族的特色，使得节日习俗更加丰富。

在时代的演变中，人们赋予了腊八节更多吉祥的涵义，反映了人们对丰年的企盼和对幸福生活的向往。腊八节正是这一美好愿望的承载者和传递者。

二、腊八节的趣闻传说

腊八节流传至今，最主要的节日习俗就是喝腊八粥，关于腊八粥的由来，民间流传着许多传说故事。

（一）佛祖释迦牟尼成道施粥

浴佛节（唐）

传说腊八粥来自印度。释迦牟尼是古印度迦毗罗卫国（今尼泊尔境内）净饭王的儿子，他见老百姓受生老病死等痛苦的折磨，又不满意当时婆罗门的神权统治，于是舍弃王位，出家修佛。辛苦修炼六年，仍未能摆脱人生的苦恼。在他几近昏厥的时候，幸好有一个牧女给他送来了乳糜（奶粥）。释迦牟尼喝完粥，净身沐浴后，在菩提树下静思七七四十九天，终于在农历的十二月初八悟道成佛。佛祖历经了六年的苦行，每日仅食一麻一米。后人不忘他所受的苦难，每年的腊月初八喝粥以做纪念。由此，“腊八”这一天也就成了“佛祖成道日”。

在佛教中，“腊八节”是盛大的节日，各地佛教寺庙过浴佛节，举行诵经，并效仿释迦牟尼成道前，牧女献乳糜的场景，用香谷、果实等煮粥供佛，称“腊八粥”。并将腊八粥送给善男信女们，以后这一活动在民间相沿成俗。据说有的寺庙在腊月初八以前由僧人手持钵盂，沿街化缘，将收集来的米、栗、枣、果仁等材料煮成腊八粥散发给穷人。传说吃了以后可以得到佛祖的保佑，所以穷人把它叫做“佛粥”。

（二）赤豆打鬼祛疫迎祥

在民间，腊八节还有“赤豆打鬼”的传说。相传颛顼氏是上古五帝之一，他的三个儿子死后变成了恶鬼，经常出来吓孩子。古人认为小孩得病、身体不好都是由于鬼怪作祟，而这些鬼怪天不怕地不怕，单怕赤豆，所以有“赤豆打鬼”的说法。由此，在腊月初八这一天，百姓们用赤小豆熬粥，以祛疫迎祥。

（三）朱元璋落难熬食腊八粥

在民间，还有一个流传很广的朱元璋与腊八粥的传说。据说在一个寒冷的冬天里，朱元璋落难在监牢中，又冷又饿的他发现一个老鼠洞，并从洞里刨出一些红豆、大米、红枣等五谷杂粮。朱元璋便把这些杂粮熬制成粥，美美地享用了一顿。后来他平定天下，做了皇帝。有一天，他突然想起用老鼠洞里挖出来的杂粮煮的粥，便吩咐御厨如法炮制，当他吃着这香甜可口的粥时，回味无穷，赞不绝口，恰逢这一天是腊月初八，为了纪念在监牢中那段特殊的日子，他便叫

朱元璋

这种粥为腊八粥。由此，腊八粥渐渐传到民间，成为风俗。

（四）岳飞抗金食千家粥

据传腊八节是出于人们对忠臣岳飞的纪念。当年，岳飞率领部下抵抗金兵。朝廷连下十二道金牌，逼迫岳飞回京。岳飞无奈，急急班师。那时正值寒冬腊月，岳家军衣食不济、挨饿受冻，许多百姓闻讯纷纷送来了粥，岳家军亲切地称这粥为“千家粥”，而这天恰好是十二月初八。岳飞死后，人们为了纪念他，每到腊月初八，便以杂粮豆果煮粥，以寄托哀思。

三、腊八节的习俗

腊八节是进入腊月的第一个节日，我们常常说它是春节的序幕。在我们看来它是一个既古老又年轻的节日，关于它的节日习俗有些早已消失，有些却还得到了保留和延续。

（一）驱疫辟邪的仪式

唐·驱傩

腊八节期间，人们要举行一项重要的活动——驱疫辟邪。驱疫辟邪的方式有很多，最主要的是大傩[1]，又称“傩舞”，据传傩舞是中国现存的一种最古老的舞蹈形式。傩是中国古代一种驱鬼辟邪的仪式，也是一种驱鬼治病的医疗方法。大傩所祛除的对象是孤魂野鬼和瘟疫灾难。大傩仪式在先秦时期盛极一时，《汉书·礼仪》中写到：“先腊一日，大傩，谓之逐疫。”就是指腊八的前一天，举行大傩仪式，以此来

① 大傩：傩，音 nuó。傩，又称跳傩、傩舞、傩戏，是一种神秘而古老的原始祭礼。驱傩在宋代有大傩仪、小傩仪之分。盛行于宫中的主要为大傩仪。据宋代人解释，大傩，意在“逐尽阴气为阳导也，今人腊岁前一日击鼓驱疫，谓之逐除是也”。

祛除瘟疫灾难。

沐浴祛灾也是腊八节驱疫的主要方式。《荆楚岁时记》中记载："沐浴，转除罪障。"沐浴一方面是为了清洁，但人们主要是为了赶走身上一切不吉利的事物，祈求身体健康，所以有腊八节沐浴的习俗。今天，随着社会的发展和生活方式的转变，这些习俗已经基本消失。

（二）祭祀

自先秦起，腊八节都是用来祭祀祖先和神灵的，老百姓以腊八作为一年的交接，犹如今天的除夕。在这一天人们会举行非常盛大的祭祀仪式，一是向祖先和神灵报告一年的收成和年景，感谢他们的庇护和保佑；二是祈求在新的一年里能继续得到神灵和祖先的佑护。汉蔡邕《独断》中记载："腊者，岁终大祭。"可见，在腊八日祭祀神灵和祖先的仪式已经十分普遍。但现在人们知道"腊祭百神"的已经不多，农村里也很少能看到十二月初八的腊祭习俗。

（三）喝腊八粥

按照传统，喝腊八粥是腊八节的一个重要习俗，腊八粥也叫七宝五味粥。最早始于宋代，至今已有一千多年历史。每逢腊八这一天，不论是朝廷、官府、寺院还是黎民百姓家都要做腊八粥。到了清朝，喝腊八粥的风俗更是盛行。在宫廷，皇帝、皇后、皇子等都要向文武大臣、侍从宫女赐腊八粥，并向各个寺院发放米、果等供僧侣食用。在民间，家家户户也要做腊八粥，祭祀祖先。同时，合家团聚在一起食用腊八粥，其乐融融。

（清）喝豆粥

腊八粥的做法多种多样，不同地区的腊八粥用料

虽有不同，但基本上都包括大米、小米、糯米、高粱米、紫米、薏米等谷类，黄豆、红豆、绿豆、芸豆、豇豆等豆类，红枣、花生、莲子、枸杞子、栗子、核桃仁、杏仁、桂圆、葡萄干、白果等干果。腊八粥不仅是时令美食，更是养生佳品，尤其适合在寒冷的天气里保养脾胃。

（四）煮“五豆”

有些地方过腊八煮粥，不称“腊八粥”，而叫做煮“五豆”，有的在腊八当天煮，有的在腊月初五就煮了，还要用面捏些“雀儿头”，和米、豆（五种豆子）同煮。

（五）泡腊八蒜

一到腊月初八，过年的气氛一天赛过一天。北方地区在腊月初八这天有用醋泡蒜的习俗。

泡制腊八蒜的材料非常简单，就是醋和大蒜瓣儿。将剥了皮的蒜瓣儿放到一个可以密封的罐子或瓶子里，然后倒入醋，封上口放到避光的地方。慢慢地，泡在醋中的蒜会变绿，十天左右会变得通体碧绿，如同翡翠碧玉。腊八蒜是大年三十吃饺子的最佳佐料。

北京有句老话说：“腊八粥、腊八蒜，放账的送信儿，欠债的还钱。”进入腊月，年关将至，做生意的也都要清算一下收支，算算账，准备过年。这个时候不管是欠别人的，还是别人欠的，也都该了结一下了。可中国人总是讲面子的，快过年了，总不能到人家家里大喊：“欠债还钱啊！”于是，收债的就会泡上一些腊八蒜送人，欠债的收到了自然心照不宣：“年关了，一年的债务该清算清算了。”“蒜”与“算”同音，把腊八蒜当作催债提示，倒也算是难得的苦心。

第四节　其他传统节日

中国的传统节日种类众多、形式多样，是中华民族悠久历史文化的一个组成部分。除了前面介绍的重要节日之外，还有很多富有特色的节日。

一、人日节

正月初七，人日节

农历正月初七为“人日”，也称“人胜节”。传说女娲造世造人时，前六天分别造出了鸡、狗、羊、猪、牛、马，第七日造出了人，因此，先民认为，正月初七是人的生日。到了汉朝，人日节进入鼎盛时期。由于汉代大兴卜筮之风，无论是平民百姓，还是帝王，都崇尚卜筮。汉武帝即位，卜筮之风更为盛行，出现了以正月初七当日天气阴晴占卜该年祸福的风俗。这一天如果天气晴好，人事和悦，就意味着新的一年里人事兴旺，吉祥如意。

人日的重要习俗是把彩纸剪成花形、人形，或把金箔镂刻成人形，贴于窗户上或戴在头发上，以祈求平安。人们称之为“华胜”或称“花胜”、“巧胜”、“彩胜”。

人日节的节日食品是七菜羹。七菜羹的名字最初见于《荆楚岁时记》，书中记载：“正月七日为人日，以七种菜为羹。”七菜羹是用七种蔬菜切碎煮成杂菜汤，用调料和成的糊状物。这七种菜的构成因文献记载不详至今难以考证。但由于百里不同风，千里不同俗，不同的地方会有不同的蔬菜，一般来说，有葱、蒜、百合、芹菜、韭菜、芥菜、香菜。不同的蔬菜又有不同的寓意，葱代表聪明；蒜代表会算钱；百合代表百年好合；芹菜代表勤劳；韭菜代表天长地久；芥菜代表新春发财；香菜代表缘分等。故此七菜羹是一道集各种兆头于一身的新春菜。

现在潮州人吃“七样羹”、闽南人吃“七宝羹”或“七种菜”的习俗皆源于人胜节的“七菜羹”。人们借七种蔬菜为一家带来好兆头。“七菜羹”作为节俗食品，据说吃了可清除百病，也寄托了人们祈求来年丰衣足食的美好愿望。

二、谷日节

传说正月初八是谷子的生日，所以我们把这一天称为“谷日”。如果这天天气晴朗，则预示着这一年稻谷丰收；如果天阴则会歉收。这一天也被称为“顺星节”，是众星下界的日子，百姓们会制作小燃灯祭奠它们，称为顺星，也称“祭星”、“接星”。

正月初八多供灯

顺星节主要的活动就是祭祀，用两张神码（民间年画的一种），第一张印着星科、朱雀、玄武等，第二张写着“本命延年寿星君”。两张神码前后摞在一起，夹在神纸夹子上，放在院中天地桌正中接受祭祀。神码的前面摆放着“灯盏碗”，碗内放着用香油浸捻的黄、白二色灯花，或 49 盏，或 108 盏，将其点燃。再供熟元宵和清茶。黄昏后，祭祀开始，妇女们将这些灯盏放置在窗台、书桌、院角、灶台等处，称之为“散灯花儿”，有辟除不祥之意。祭祀后，待残灯将灭时，将神码与芝麻秸、松柏枝一同焚化。

楼璹《耕织图》

现如今和谷日相关的活动有观谷、食谷和养谷。观谷就是全家人到田间地头，观看各种越冬作物的长势，让大人和孩子亲近农业。食谷是由孩子们亲手制作一顿谷物晚餐给全家人食用。通过这种方式，使孩子们真切地体会到粮食的珍贵。养谷就是去花卉市场选购一些观赏作物在家中栽培。

开仓放粮

三、填仓节

填仓节又叫“添仓节”、“天仓节”或“天穿节”，在中国民间是象征丰收的节日。填仓节主要盛行于我国的北方地区，一般是在正月二十五日举行。从节名来看，“填仓节”和农业生活密切相关。填仓就是把粮仓填满，表达了百姓追求美好生活的愿望。

关于“填仓节”的由来，民间一直流传着仓官开仓赈济灾民的传说。有一年大旱，粮食歉收，民不聊生。老百姓的口粮极度短缺，可是朝廷不顾百姓的生死，依旧张榜征粮。有一位仓官于心不忍，自作主张开仓放粮，接济百姓。仓官自知朝廷难以赦免自己，就在正月二十五日那天，放火烧了空空如也的粮仓，自己也守在粮仓里慷慨赴死。后人为了纪念这位心系百姓、放粮赈济灾民的无名仓官，每到这一天便用细灶灰在院内外打囤填仓，也借此期盼开春能有个好收成。“填仓节”就此流传了下来。

关于填仓节的习俗，宋代孟元老《东京梦华录》中有记载：“正月二十五日，人家市牛羊豕肉，恣飨竟日，客至苦留，必尽而去，名曰填仓。”民间过“填仓节”除了祈求丰年，祭祀先贤以外，还包含了家人团聚，亲朋往来之意。到了清代，北京一带还流行“填仓节”祭仓神的习俗。清代富察敦崇的《燕京岁时记》中提到：“每至二十五日，粮商米贩，致祭仓神，鞭炮最盛。居民不尽致祭，然必烹治饮食以劳家人，谓之填仓。”北京居民过“填仓节”还有另一层意思，就是过完年，开始要为以后的日常生活准备吃用所需，如籴米积薪，增储炭火等。

四、冬至节

冬至，俗称“冬节”、“长至节”或“亚岁”。冬至是二十四节气中一个重要的节气，也是中华民族的一个传统节日。早在两千五百多年前的春秋时代，中国就已经用土圭观测太阳，发现冬至日在每年的公历十二月二十一日至二十三日之间，这一天是北半球全年中白天最短、夜晚最长的一天。冬至是中国最早制定出来的一个节气。北方地区在这一天吃饺子、而南方吃汤圆，现如今还流传了许多有关冬至的诗词和谚语。如“十月一，冬至到，家家户户吃水饺。”、“吃了冬至面，一天长一线”等。

冬至过节源于汉代，盛于唐宋，相传至今。《清

唐 · 周昉《宫乐图》

嘉录》中有“冬至大如年”的说法，这说明古时对冬至的重视。人们认为冬至是阴阳二气的自然转化，是上天赐予的福气。汉朝以冬至为“冬节”，官府要举行祝贺仪式称为“贺冬”，例行放假。《后汉书》中有这样的记载：“冬至前后，君子安身静体，百官绝事，不听政，择吉辰而后省事。”所以这天朝庭上下要放假休息，军队待命，边塞闭关，商旅停业，亲朋好友以美食相赠，互相拜访，欢乐地过一个“安身静体”的节日。唐、宋时期，冬至是祭天祭祖的日子，皇帝在这天要到郊外举行祭天大典，百姓在这一天要向父母长辈祭拜，现在仍有一些地方在冬至这天过节庆贺。

冬至祭天祭祖

过去老北京有“冬至馄饨夏至面”的说法。相传汉朝时，北方匈奴经常骚扰边疆，百姓不得安宁。当时匈奴部落中有浑氏和屯氏两个首领，十分凶残。百姓对其恨之入骨，于是用肉馅包成角儿，取“浑”与“屯”之音，呼作“馄饨”。百姓食用馄饨，为求平息战乱，能过上太平日子。由于最初制成馄饨是在冬至这一天，所以这一习俗相传至今。

现如今，我国北方地区有冬至吃饺子的习俗，每年冬至这天，不论贫富，饺子是必不可少的节日食品。相传，冬至吃饺子是为纪念“医圣”张仲景冬至舍药而留下的。

吃汤圆也是冬至的传统习俗，古人有诗云：“家家捣米做汤圆，知是明朝冬至天。”冬至吃汤圆在江南尤为盛行。“汤圆”是冬至必备的食品，是一种用糯米粉制成的圆形甜品，“圆”意味着“团圆”“圆满”，冬至吃汤圆又叫“冬至团”。民间有“吃了汤圆大一岁”之说。冬至团可以用来祭祖，也可用于互

冬至吃汤圆

赠亲朋。旧时上海人最讲究吃汤圆，冬至家宴上汤圆是必不可少的美食。

冬至节经过数千年发展，形成了独特的节令饮食文化。除了馄饨、饺子、汤圆外，还有赤豆粥、黍米糕等都可作为节日食品。曾较为时兴的“冬至亚岁宴”的名目也很多，如吃冬至肉、献冬至盘、供冬至团、馄饨拜冬等。

在民间，仍有冬至进补的习俗。在北方，这一天人们有吃狗肉和羊肉的习俗，因为冬至过后天气进入最冷的时期，中医认为羊肉、狗肉都有壮阳补体的功效。

在台湾还保存着冬至用九层糕祭祖的传统。人们用糯米粉捏成鸡、鸭、龟、猪、牛、羊等象征吉祥如意、福禄寿的动物，然后用蒸笼分层蒸成，用以祭祖，以示不忘老祖宗。同姓同宗者于冬至或前后约定一日，集中到祖祠，依照长幼的顺序，一一祭拜祖先，俗称“祭祖”。祭典之后，还会大摆宴席，招待前来祭祖的宗亲们。大家开怀畅饮，相互联络久别生疏的感情，称之为“食祖”。冬至节祭祀祖先的习俗，在台湾一直世代相传，以示不忘自己的“根”。

第十一章

传统节日现代价值

一、传统节日日渐式微

天医节点百病

传统节日日渐式微有以下几种表现形式：

有些传统节日趋于消亡，如今只留下了节日名称而已。像脱胎于远古女娲创世神话的正月初七“人日节”，盛行赏花踏青的二月十二“花朝节”，曾留下《兰亭集序》和曲水流觞风雅趣事的三月三“上巳节”，“家家晒红绿”的六月六“天贶节”，用露水和朱砂研磨为儿童“点百病”的八月初一“天医节”，人们还记得哪些呢？

有些传统节日的节俗趋于弱化，人们过节时与平常生活区别不大，许多节日习俗已难觅当年风采。人们只能从古诗中，体会“遍插茱萸少一人”的重阳思亲之情；只能在鹊桥相会的美好传说中，遥想旧时姐妹七夕斗巧、葡萄架下听悄悄话的盛事；只能在《红楼梦》中，窥见日渐败落的诗书簪礼之家春节祭拜先祖的仪式了。

第三，传统节日的节日感趋于淡化。曾经家喻户晓的《百本张》中有这样一段唱词，“五月端午街前卖神符，女儿节令把雄黄酒沽，樱桃桑葚，粽子五毒，一朵朵似火榴花开端树，一枝枝艾叶菖蒲悬门户，孩子们头上写个王老虎，姑娘们鬓边斜簪个五色绫蝠”。这些清末北平寻常百姓的端午节俗，如今的北京人还有多少人知晓呢？禁忌、仪式与活动的大量流失，最终使春节吃饺子、端午吃粽子等“吃”文化成为人们对传统节日的唯一记忆。

最后，传统节日的节日意义也趋于功利化。传统节日原本崇尚“礼轻情意重”，但被有些人赋予了送礼办事、攀附关系等功利目的，情意表达反而成了节日的附属品。于是，人们对传统节日的认识局限在各种“器物”层面，比如春节就是放鞭炮、发红包，端午节就是吃粽子等。人们在接受传统节日外在形式并享用节日物质本身的同时，却忽略了蕴藏在节日背后的文化价值及精神内涵。

二、节日日渐式微原因探析

传统节日日渐式微的原因，主要有三个：一是工业化大生产带来了思想、文化的彻底改变；二是传统历法的改变；三是西方文化的冲击。

马克思在《资本论》中指出，经济基础决定上层建筑。传统节日也是如此。随着机器化大生产的一声轰鸣，小农经济迅速解体。而德国人尼采“上帝已死”的一声呐喊，使科学和理性逐渐成为人们的主要价值取向。越来越多的人了解了日月星辰的运行规律，懂得了物理知识、化学反应，那些原始巫术、迷信禁忌、自然崇拜、祖先崇拜等内容便统统被扔到了历史的垃圾堆。传统文化更是受到猛烈冲击，以血缘为纽带的宗法式家族走向瓦解，祭奠先祖、家族聚会中所凝聚的儒家伦理思想，慢慢远离了人们的生活。从此，传统节日从神坛上跌落，褪去神秘和神圣的光环，节日习俗也就成为人们日常生活中的一项普通事务。

尼采宣称上帝已死

到民国时期，为与国际通行历法保持一致，政府废除了农历纪年方式，改用公历纪年方式。这样，以传统夏历（农历）体系为依据来安排仪式活动的传统节日，也就由国家历法退居为附属历法体系。虽然民间仍然使用农历，但历法体系的改变，使得传统节日的重视程度受到一定影响，传统节日“过不过无所谓”的思想也由此产生。

现代，随着全球化的兴起，传统节日与西方节日不期而遇，部分西方节日填补了中国传统节日的空缺。父亲节、母亲节和感恩节等西方节日，因为与中国忠孝礼义等传统伦理价值观相契合而受到重视；圣诞节、愚人节、万圣节等西方节日，因为满足了人们节日娱乐和狂欢的需求而备受年轻人推崇，传统节日的发展空间受到一定挤压。

如今，出于安全的考虑，节日社火、元宵灯市、端午赛龙舟等活动仅在某些地方尚有保留；环保主义的兴起，让春节烟火、清明祭祖等活动受到许多限制；而现代节日体系的设定，压缩了传统节日的节期，使传统节日缺少了活动时间。

值得欣慰的是，科技发展催生出许多新的传统节日形式和载体。如春节拜年就先后出现了贺卡拜年、挂历拜年、电话拜年、短信拜年、微信拜年、视频拜年等多种形式；清明时节，人们不再焚香烧纸、抛洒冥币，而是用献鲜花、系丝带以及植树绿化等方式绿色祭扫，缅怀祖辈先人。然而，春节晚会、端午诗会、中秋游园赏月、清明节公祭轩辕黄帝大典等仪式活动，虽然彰显传承传统文化的大国自信，但大众参与程度、狂欢迷醉状态似乎都少了一些，轻了一些，人们仍然普遍感觉“节味”淡了。倒是过年微信“抢红包”活动，因为大众参与度高、自我娱乐性强，成为一件全民狂欢的事情。

清明献花替代焚香烧纸

道格拉斯和伊舍伍德在《物品的用途》[①]一书中写道：“没有仪式的生活，意味着没有明晰意义、甚至可能没有记忆的生活。”因此，传统节日的新形式固然有其新鲜感，但如果不能将其固定和延续，成为具有特定意义、表现特有文化内涵的仪式，那么传统节日仍将沿续式微之势。

三、传统节日现代价值

作为传统文化的载体，传统节日承载着一整套修身、齐家、治国、平天下的精神价值观念。如果剥离封建迷信等糟粕思想，在传统节日中，你会看到人成为健全之人，家成为爱敬之家，国成为礼仪之邦，天下成为和谐之天下的精神主旨。这些精神主旨像一颗颗熠熠闪光的宝石，历经千年仍光彩夺目。

（一）成风以化人

一个健全之人，至少有三个要求，要追求环境清新、身体健康、心态健全的健康生活，要富有刚健有为的精神，更要拥有高尚的审美情趣。传统节日，就提供了这样一个途径。

春节除尘打扫，是保持生活环境的干净整洁；清明踏青远游，是锻炼个人的强健体魄；庙会上舞龙舞狮，是在悦己愉人中崭露乐观的人生态度。传统节日呈现出来的刚健有为，则生动诠释了“天行健，君子以自强不息”的精神内涵。写对联、剪窗花，显露了人们的精湛技艺；猜灯谜、赛歌会，较量的是人们的

① 《物品的用途》(《The World of Goods》)由人类学家玛丽·道格拉斯与计量经济学家巴伦·伊舍伍德合写，被视为经济人类学的先驱作品。

端午龙舟竞赛

知识与智慧；端午龙舟竞赛，比拼的则是奋发向上的进取精神。在传统节日的各种习俗活动中，展现了人们面对困难、挫折时的不屈不挠和自强不息。

祭扫（唐）

同样，传统节日也处处展现着人们的审美情趣。清明、端午、中秋、春节作为国家法定假日，按照春夏秋冬的顺序错落有致地排列着，这是一种布局之美。寓意美满团圆的汤圆、月饼，展现的是意象之美；围坐桌边吃饺子、结伴同游逛花灯，散发的是情境之美；有着精美图案，表现传说故事的窗花、花灯，诉说的是中国古典文化之美。

另外，传统节日还具有化解人的压力的作用。尽管充满神圣感的朝拜供奉仪式、祓禊活动已随历史远去，但现代人创新的各种仪式活动仍能调整民众情绪，鼓舞人们精神。像年节大型灯光秀、端午诗会、春节联欢晚会、微信抢红包等传统节日活动的娱乐功能更强，会使人们暂时忘却紧张而快节奏的生活，摆脱生活压迫、心理困厄，身心得以舒缓，重获生命能量。人们在活动中娱乐，在娱乐中恢复，在节日的狂欢中体味放飞生命的感觉。尤其是春节，已经成为人们释放情绪压力、内心再次充盈的重要载体。

（二）爱敬以立家

有爱敬，方能立家。没有了爱敬，过年给老人拜年就成了敷衍；没有了爱敬，给子孙红包就成了施舍。即便是在倡导平等自由的今天，爱敬仍是传统节日的主旋律。“二月二，挑荠菜”，这日吃到的荠菜饺子或是荠菜包子，里面包着的可是父母一周挖拣，细细剁碎，又一个个包起的亲情之爱。

荠菜包里的浓浓亲情

其实，爱敬是不能完全分开的。以春节为例，过年时给长者拜年，在拱手施礼之际，表达的是尊老爱幼之爱敬；除夕夜家族团圆宴饮，在觥筹交错之间，传递的是兄弟和睦、夫妻雍容和洽之爱敬。而且，爱敬之德不仅充溢于家庭、家族，更可扩大到村落社区。像邻里碰面要相互拜年，朋友相会要互贺新春，就都是传统意义上的“齐家”之爱敬。甚至在家国同构文化下，你也可以将端午节纪念屈原，理解成对国家的爱敬之德。

正因为传统节日中包含着“爱敬以立家”的意蕴，你才会看到这样一幅幅画面：每逢春节，人们不辞辛劳、不远万里地向着“家”的方向奔赴，渐渐远离的身影里跳动着与家人团圆相聚的喜悦；每至清明，人们携带祭品，在祖先墓前供奉鲜花，缠绕丝带，祭拜祷告中饱含着敬天法祖的追思；岁岁重阳，子女搀扶老人到公园赏菊，登山健体，在明媚秋日里，绘就一幅尊老敬老的优美画卷。

元宵节花灯

传统节日特别强调家庭团圆，注重祖先祭拜，这当中融合着亲情伦理，蕴含着爱敬之德。人们在充满着“爱敬”之家中，享受着心灵宁静，获得了道德提升。

（三）礼仪以治国

中国是礼仪之邦，古代就有五礼：祭祀之事为吉礼，冠婚之事为嘉礼，宾客之事为宾礼，军旅之事为军礼，丧葬之事为凶礼。现代仍有成人礼、结婚礼、丧葬礼、饮酒礼等等。而像称呼礼、相见礼、致敬礼以及坐立行的行止礼，则早已经融入百姓的日常生活中，形成中华民族特有的礼仪文化。

如果细分，礼仪分为礼和仪。“仪”为外在形式，“礼”是内在精神。

担酒上坟（宋）

“仪”，就是揖让进退和仪式。人们尤为重视传统节日的祭拜仪式，如清明节，山东曲阜颜回后代的颜林家祭，就安排了鸣炮奏乐、为新碑揭幕、除尘洗碑、敬献花篮、致祝词、上香、献点心、献水果、献供、献爵、献馔、宣读祭文、献帛奠爵、参拜陪拜、赐福酒、众亲参拜、给三世祖坟墓培土、礼成等包含 18 项内容的一整套仪式。普通人家祭拜先祖虽不至如此复杂，但像除尘洗碑、献上祭品、为坟墓培土等仪式，人们还是非常注重的。

“礼”的根本，简单讲，就是诚敬。“梨花风起正清明”，带着诚敬之心祭奠祖先重于形式上的祭奠；买多贵的月饼，也不如心怀诚敬之爱为家人挑选的礼物更宝贵。其实，民间讲究的礼尚往来、“来而不往非礼也”，其中不仅蕴含着平等思想，还隐藏着人与人相处的爱敬之意。

礼仪的终极目标是社会的融洽和谐，国家的繁荣昌盛。春节互拜新春、宴饮敬酒，人们的沟通顺畅了，感情和洽了；清明给先人献祭品、培新土，端午祭奠

屈原，人们的家族情、民族情凝聚在了一起。在法治社会之外，礼仪为我们创造了一个有人情味的社会，

宋·张择端《清明上河图》

这也是“礼之用，和为贵”的本意。

因此，井然有序仅仅是礼仪的外在形式，心怀诚敬才是礼仪的精神要旨。而礼仪的最终目标则是社会和谐，国家兴旺。从这个意义上讲，礼仪是治国、安邦、平天下的基础。在礼仪强调秩序的表象下，其实是个人道德修养的完成，以及和谐社会终极目标的实现。

（四）和谐以美天下

先来谈谈“和”。在不同的思想体系下，“和”也有着不同的意义。儒家侧重人与人的和谐关系，讲究“天时不如地利，地利不如人和”；道家注重人与自然的和谐共处，倡导顺其自然；佛家追求社会与宇宙时空、生命形态的和谐发展，提出了多维时空的净土理念。

一窗一世界，故宫太和殿三交六椀样式花窗，象征正统的国家政权，内涵天地，寓意四方，是寓意天地之交而生万物的一种符号。

传统节日首先体现了天人合一思想、人与自然和谐共处理念。清明踏青郊游，端午龙舟竞渡，中秋仰望明月，重阳登高赏菊，在“智者乐水，仁者乐山”的情感体验中，建立人与自然和谐共处的共生关系。这还不够，人们还要赋予自然万物以独特的人文解读。

春节红红火火，是除旧布新、迎禧纳福、祈求丰年之意；清明“丝带寄哀思”，用谐音契合慎终追远传统；中秋观花赏月，蕴含人月两团圆的美愿；重阳登高远望，传承着尊老敬老的传统美德。自然万物契合了人的情感，人便赋予它以特定的人文内涵。而人文意蕴化育了的自然，也因为有了人赋予的内涵而熠熠生辉。于是，天地、自然与人完全融合，这便有了伤春悲秋、花好月圆。

传统节日还蕴含了人与自身、人与社会的和谐理念。对个人来说，传统节日成风化人，疏解内心的压力，塑造身心和谐健全的公民；对家族而言，传统节日激发爱敬之情，营造有爱有敬的和睦之家；对国家来讲，传统节日的各种礼仪已深深浸入骨髓，成为人们坐卧行止、言谈笑泪的一整套社会规范。也就是说，传统节日的仪式活动、节日符号里，包含着人们对个体生命平和、家族社区和睦以及国家社会和谐的不懈追求。

编钟是上层社会专用的乐器，是等级和权力的象征，是国家的礼乐重器。

说到底，人与自然、人与社会、人与自身的和谐追求，是由不和谐的现实催生出来的。在社会分工与阶层分化中，人们不断感受到来自个体生命、家族结构以及人际交流中的方向不同、利益不同的强大力量的撕扯。于是，人们渴望找到一种力量平衡的状态，建立一种和谐稳定的秩序。传统节日，就给人们提供了这样一个追求平衡与和谐境界的平台。

总之，和谐致美。传统节日的诗与乐、窗花与汤圆，意在修身养性，怡情养心，养成内心的平衡和谐；传统节日的言谈之礼、举止之仪，意在规范外在行为，养成生活上的井然秩序。朱光潜说，“内具和谐而外具秩序的生活，从伦理观点看，是最善的；从美感观点看，也是最美的”。

参考文献

1. 钟敬文．民俗学概论 [M]．上海文艺出版社，2009

2. 常人春．老北京的风俗 [M]． 燕山出版社，1996

3. 于永玉主编．趣说中华民族传统节日 [M]．吉林文史出版社，2013 年 3 月第 3 版

4. 任祥．传家：中国人的生活智慧 [M]． 新星出版社，2015

5. 范时勇．传统节日 [M]． 重庆大学出版社，2015

6. 高巍．中国传统节日的文化研究及其实践应用 [M]． 北京燕山出版社，2017

7. 王早早．中国记忆·传统节日图画书 [M]． 北京师范大学出版社，2012

8. 王文章．中国传统节日 [M]． 中央编译出版社，2010

9. 大乔．图说中国节 [M]． 中国社会科学出版社，2009

10. 林慧．文化记忆的追寻与重建 [M]． 中国人民大学出版社，2017

11. 丁睿．中华民族传统节日文化读本 [M]． 中国书籍出版社，2015

12. 魏世平．节日吃食俗 养生自有道 [M]． 东方出版社，2012

13. 李汉秋．传统节日的奥妙——我们怎样过节 [M]． 中华书局，2015

14. 牛建军．中华传统节日文化常识 [M]． 中州古籍出版社，2014

15. 高春夏．中国春节文化与生命意识 [M]． 2007 年 5 月

16. 丛超．腊八节 [M]． 吉林出版集团有限责任公司，2013

17. 高军飞．元宵佳节话灯谜 [N]． 团结报， 2002-02-23.

18. 李文．东风夜放花千树 元宵花灯知多少[N]. 浙江日报，2002-02-14.

19. 张药滟．传统节日日渐式微的哲学解读[J]. 开封教育学院学报，2015,35(05):3-4.

20. 刘晔原．节日的形成与数字观念[J]. 民间文化论坛，2004(05):36-40.

21. 关长龙．中国传统奇数重叠节日原型考[J]. 浙江大学学报（人文社会科学版），2006(01):50-57.

22. 俞允尧．七夕乞巧女儿节[J]. 文史杂志，1997(04):54-56.

23. 王霄冰．仪式的建构与表演——2011清明节曲阜祭孔与祭祖活动的人类学考察[J]. 文化遗产，2011(03):108-115+158.

24. 袁刚．隋唐元宵闹花灯习俗[J]. 沧桑，1999(01):51-55.

25. 韩士奇．元宵猜谜的故事[J]. 南方论刊， 1994(03):41.

26. 向柏松．元宵灯节的起源及文化内涵新论[J]. 中南民族学院学报（人文社会科学版）， 2000(02):32-35.

27. 刘路．元宵节的来历[J]. 新长征（党建版），2017(02).

28. 宋凯丽，毕啸南．重阳节的传承与保护[J]. 遗产与保护研究，2017(06):24-28.

29. 陈艳．重阳节的起源及风俗文化[J]. 内蒙古民族大学学报，2011(03):36-37.

30. 余全有．重阳节俗起源浅探[J]. 天中学刊，2014(02):103-106.

31. 艾民．重阳节的传说[J]. 今日小学生(B版)，2005(10).

32. 刘永明．中国传统节日重阳节的起源、流变和诗词艺术[J]. 世界教育信息，2012(Z1)：136-142.

33. 刘其印．话说“二月二”[J]. 民俗研究，1992(01):47-53.

34. 张勃．先有“二月二”，后有“龙抬头”－二月二的起源、流变及其文化意义[J]. 民间文化论坛，2012(05):100-112.

35. 张君．冬至节的文化学解析 [J]. 江汉论坛，1992 年第 3 期

36. 韩养民．被淡忘的节日——人日 [J]. 咸阳师范学院学报，2015 年 1 月第 1 期

37. 荆墨．腊八节趣闻掌故 [J]. 京城茶座，2011 年 5 月第 3 期

38. 许超．“節（节）”的词义引申与其文化蕴含研究 [D]. 南京师范大学，2014.

39. 廖冬梅．节日的教育功能探析 [D]. 西南大学，2006.

40. 董云香．先秦节庆文化研究 [D]. 辽宁师范大学，2010.

41. 王海生．汉族节日习俗的宗教渊源探析 [D]. 新疆师范大学，2009.

42. 黄浩．“二月二”传统节日研究 [D]. 武汉：中南民族大学，2010.

43. 泗洪清明插柳的来由，https://www.sihongnet.com/